❖ FACULDADE DE MÚSICA CARLOS GOMES ❖

SONIA ALBANO DE LIMA
(ORGANIZADORA) E AUTORES

FACULDADE DE MÚSICA
CARLOS GOMES

RETROSPECTIVA ACADÊMICA

Edição comemorativa
Faculdade de Música Carlos Gomes
100 anos de fundação

MUSA
EDITORA

Biblioteca aula
Musa Música
Volume 8

® Copyright Sonia Albano de Lima, 2005.

Raquel Matsushita ❖ *capa e projeto gráfico*

Ana Basaglia ❖ *diagramação*

Maria Luíza Favret ❖ *revisão*

Dados Internacionais de Catalogação na Publicação (CIP)
(Câmara Brasileira do Livro, SP, Brasil)

Faculdade de Música Carlos Gomes : restrospectiva acadêmica / Sonia Albano de Lima organizadora. – São Paulo : Musa Editora : A Faculdade, 2005. – (Biblioteca aula ; v. 8. Musa música)

Vários autores.
Bibliografia.
ISBN 85-85653-82-5

1. Faculdade de Música Carlos Gomes (SP) – História 2. Música – Brasil – História e crítica 3. Música – Estudo e ensino 4. Música – Linguagem 5. Música – Pesquisa 6. Musicologia I. Lima, Sonia Albano de. II. Série.

05-8455   CDD-780.7118161

Índices para catálogo sistemático:
1. Faculdade de Música Carlos Gomes : São Paulo : História 780.7118161

Todos os direitos reservados.

Musa Editora Ltda.
Rua Cardoso de Almeida 985
05013-001 São Paulo SP
Tel/fax (5511) 3862 2586 / 3871 5580
musaeditora@uol.com.br
musacomercial@uol.com.br
www.musaambulante.com.br

No universo, as energias interagem, acomodam-se, complementam-se, contradizem-se, tocam-se, vibrando numa linguagem múltipla que está nos seres vivos, nos seres inanimados, até mesmo nos organismos de ensino que falam por intermédio de seus personagens.

Sonia Albano de Lima

SUMÁRIO

8 *Apresentação*

11 Formatando uma história
Sonia Albano de Lima

37 O músico e o mercado: afirmações e contradições
Celso Mojola

45 Representação e referencialidade na linguagem musical
Fernando Iazzetta

64 Uma relação democrática entre pesquisadores e acervos
de manuscritos musicais no Brasil: necessidade ou utopia?
Paulo Castagna

79 O acervo musical de Itamaraty nas Minas Gerais
Antonio Ribeiro

86 Música agostiniana: conexão harmoniosa entre a beleza
sensível e a beleza suprema
Rita Fucci Amato

101 Música – um dos instrumentos da magia
Niomar Souza

125 A música popular brasileira em questão:
renovação, originalidade e qualidade
Liliana Harb Bollos

139 A importância do repertório de música brasileira
na formação do pianista
Regis Gomide Costa

150 Variação da projeção da voz em cantores com
o uso da prancha de equilíbrio
Paula Maria Aristides de Oliveira Molinari

163 A OSESP e o programa formação de público:
alguns resultados relacionados à inclusão sociocultural
de crianças e adolescentes
Susana Ester Krüger et Allium

179 Por um estudo do signo cancional: transformações
de unidades lítero-melódicas no processo de construção
do sentido da canção
Ricardo Nogueira de Castro Monteiro

198 Ação e estagnação: a simultaneidade nos Cinco
Intermezzos para violão, de Celso Mojola (1990)
Paulo de Tarso Salles

213 *Arquivo fotográfico*

APRESENTAÇÃO

Na organização desta coletânea foi veiculado o trabalho científico de alguns professores, ex-professores e colaboradores que estão atuando ou já atuaram na Escola e que, generosamente, se prontificaram a cooperar na elaboração desta publicação. Foi gratificante observar o perfil acadêmico de cada integrante, a dinâmica das pesquisas realizadas, a multiplicidade de questões abordadas e o interesse manifestado pelo nosso corpo docente e discente para se criar na Faculdade um meio regular de coleta de publicações. Os artigos foram tantos que uma revista comemorativa foi insuficiente para divulgá-los, daí a confecção de um livro.

Todos os professores da escola foram convidados a participar, mas nem todos entregaram a tempo os trabalhos. Não direcionei a temática nem desprezei o material que chegou até mim, apenas organizei-o de forma a obter certa padronização, ou seja, interliguei temas relacionados à formação musical, à formação de público, à musicologia, à performance, ao folclore, à análise e à linguagem musical.

Não esqueci ex-professores e colaboradores que em algum momento participaram ativamente da vida da escola. Assim, o artigo do pesquisador Fernando Iazzetta, que tanto nos auxiliou na implantação dos cursos de pós-graduação, não só como professor, mas como membro ativo da comissão de implantação, só pode ser agraciado. O mesmo com relação ao professor e pesquisador Paulo Castagna, que lecionou incansavelmente em nossa instituição por mais de cinco anos, introduzindo uma metodologia de trabalho preocupada com a pesquisa científica e a reflexão, intenção essa que nunca mais foi abandonada pela direção. O artigo de Susana Krüger também revela a participação de nossos alunos, estagiários da Fundap, em encontros científicos internacionais de educação musical promovidos no Brasil, relatando um trabalho de relevo realizado pela Coordenadoria dos Programas Educacionais da

OSESP – Orquestra Sinfônica do Estado de São Paulo e o seu empenho em promover a participação de seus estagiários na realização de uma pesquisa e na produção de artigos científicos. Os textos de Paulo de Tarso Salles e Paula Molinari são motivo de orgulho para a escola. Ex-alunos no passado, hoje eles integram nosso quadro permanente de docentes, promovendo um trabalho de cooperação ímpar. O mesmo posso dizer de professores que há muito promovem um ensino de qualidade e têm dedicado à instituição um inestimável trabalho, seja em termos administrativos, seja desempenhando funções de coordenação e supervisão nos estágios supervisionados, nas atividades programadas e nos projetos culturais, como os professores Celso Mojola e Niomar Souza.

Também seguem os meus mais profundos agradecimentos a Liliana Bollos, Regis Gomide, Ricardo Monteiro e Rita Amato, professores que têm se empenhado para elevar o ensino da FMCG. Tenho plena consciência de que uma escola não se faz na direção, nem na coordenação pedagógica, mas no trabalho integrado e na cooperação generosa da direção com o corpo docente e discente.

A todos – professores, ex-professores, amigos, colaboradores, alunos e ex-alunos, que aqui não estão nomeados por falta de espaço – minha profunda gratidão e o desejo sincero de que este trabalho seja o início de muitos outros.

Sonia Albano de Lima

❀ FORMATANDO UMA HISTÓRIA
Sonia Albano de Lima

A história de uma instituição de ensino projeta-se nos documentos, nos relatos, nas emoções e na história de vida daqueles que viveram suas glórias, seus fracassos, as implicações e o cotidiano de um organismo com tempo e espaço determinados. Sem o testemunho de documentos, não podemos precisar com segurança se os fatos narrados são reais – pressupõe-se que sim, pois são revelados pelo coração de quem os descreve. Os valores que lhes são atribuídos, ainda que tacanhos aos olhos da história da educação musical, não sobrepujam o compromisso dos seus dirigentes com o ensino musical brasileiro – uma responsabilidade que se renova cotidianamente e, quando cumprida, traz para a instituição a certeza de um serviço integrado com a educação e a cultura do país, capaz de contemplar os saberes e conhecimentos artístico-musicais, a prática profissional, capaz de transformar o indivíduo num ser mais sensível e criativo.

A tarefa de reviver a história da Faculdade de Música Carlos Gomes é bastante complexa. Ela não foi a primeira escola de música de São Paulo, apesar de assumir a função de organismo de ensino musical não oficializado a partir de 1906. Documentos importantes já não existem, outros se tornaram incipientes ao longo dos anos, pouquíssimos os depoimentos de personalidades ligadas à escola. Entre o passado e a atualidade, uma memória ofuscada pelas contingências do tempo e do espaço.

Impõe-se ainda uma reflexão sobre o percurso tumultuado que a instituição vem enfrentando nos últimos anos, no sentido de se posicionar satisfatoriamente no cenário educativo, levando em conta uma política de ensino que por alguns anos não se preocupou com os rumos da educação musical brasileira, principalmente na esfera privada. Várias foram as investidas, algumas alcançaram sucesso, outras abriram novas frentes e outras, infelizmente, perderam-se no tempo.

Processo de criação e importância do maestro Armando Belardi na oficialização da faculdade

A história desta escola por muitos anos esteve ligada à trajetória de vida do maestro Armando Belardi. Por mais de trinta e dois anos, ele dirigiu, sob inúmeras variantes, a vida desta Instituição, dando-lhe prestígio, notoriedade e seriedade profissional. Sob sua direção passaram celebridades que marcaram presença na arte de ensinar, alunos que seguiram uma carreira de êxitos e instrumentistas internacionais que puderam regularizar seus títulos de professores aqui no Brasil.

Armando Belardi dedicou-se intensamente à vida musical, como instrumentista, professor, regente e diretor de ensino. Nascido em São Paulo no ano de 1900, já em 1909 integrava a Companhia de Operetas Ettore Vitale. Foi aluno de violino e violoncelo de Guido Rocchi, membro fundador do Instituto Musical Benedetto Marcello no ano de 1906, e que mais tarde transformou-se na Faculdade de Música Carlos Gomes.

Belardi embarca para a Itália em 1913, diplomando-se no Conservatório de Música Gioacchino Rossini. Ao retornar ao Brasil em 1915, ingressa no Conservatório Dramático Musical como professor de violoncelo e disciplinas teóricas, cargo que ocupou até 1937. Foi integrante do Quarteto da Sociedade de Cultura Artística, do Quarteto Zacarias Autuori e um dos fundadores da Sociedade de Música de Câmara de São Paulo. Ao lado de Savino De Benedictis, Alfredo Corazza e outros, fundou o Centro Musical de São Paulo. Em 1921, fundou, com outros colaboradores, a Sociedade de Concertos Sinfônicos de São Paulo. Em 1935 iniciou sua carreira de regente na S. A. Teatro Brasileiro do Rio de Janeiro. Além de regente e maestro do coral lírico, foi diretor dos corpos estáveis do Teatro Municipal de São Paulo e da Rádio Gazeta, tornando-se mais tarde seu diretor artístico. Em 1948, com Fioravante Comenale, elaborou o projeto de criação da Orquestra Sinfônica Municipal de São Paulo e do Coral Municipal. Foi diretor artístico do Teatro Municipal de São Paulo no período de 1961 a 1964. Em 1973 foi nomeado conselheiro do setor de música do

Conselho Municipal de Cultura, criado pela Prefeitura de São Paulo. Sua atividade profissional e sua influência no meio artístico possibilitaram-lhe galgar cargos de prestígio na área da educação, entre eles, o de presidente do Sindicato dos músicos profissionais do Estado de São Paulo e membro do Conselho de Orientação Artística (COA) entre 1938 e 1942. Foi inspetor de ensino artístico do Estado a partir de 1948 e diretor do Instituto Musicale Benedetto Marcello (mais tarde, Faculdade de Música Carlos Gomes).

Como profissional da educação, empenhou-se em propagar o ensino superior de música no país, intenção que, na época, não contrariou de forma alguma os interesses da política governamental. No livro *Vocação e arte: memórias de uma vida para a música* (1906), o maestro revela que, no início do século XX, o ensino de música em São Paulo e no resto do país era bastante precário. Foi, em grande parte desenvolvido pelos músicos vindos da Itália, entre eles, Giulio Bastiani, Luigi Chiaffarelli, Gaglietta, Guido Rocchi, Luigi Provesi, Alfério Mignone, e pelos músicos das orquestras que cooperavam na organização de conjuntos orquestrais.

Nessa época, políticos e pessoas influentes, amantes das artes, auxiliaram na implantação de escolas de ensino de música no Brasil. O senador Lacerda Franco, o deputado Carlos de Campos, Pedro Augusto Gomes Cardim, o engenheiro Carlos Alberto Gomes Cardim Filho, Alípio Dutra, Theodoro Braga, Francisco Pati, Francisco Casabona, Mozart Tavares de Lima, o crítico Caldeira Filho e outros dialogavam continuadamente com os músicos da época, que podiam intervir nos destinos musicais do país. Esse comportamento propiciava um comprometimento maior dos órgãos públicos com a educação musical brasileira, ainda que ela adotasse para si um modelo de ensino emprestado dos conservatórios europeus, em função do intenso movimento imigratório que estava ocorrendo no país.

Vera Jardim, discorrendo sobre a formação profissional do músico paulistano até os anos de 1930, observa na sua dissertação de mestrado:

As mudanças econômicas que marcaram São Paulo no final do século XIX promoveram a intensificação das relações culturais com a Europa, por meio da "importação" de espetáculos artísticos, óperas, saraus, concertos. Contier (1988) afirma que, ao mesmo tempo que o Estado Nacional na Itália se consolidava, ocorria, no Brasil, a substituição da mão-de-obra escrava pelo trabalho assalariado, e por isto, fugindo das crises políticas e econômicas, grandes levas de imigrantes italianos chegaram ao Brasil (Jardim, 2003, p.34-5)

Continuando seu relato, a autora esclarece que muitos professores italianos de piano, canto, flauta e de outros instrumentos se instalaram em São Paulo e no Rio de Janeiro, ministrando aulas particulares para a elite burguesa, divulgando seus serviços em francês, nos jornais locais. O ensino de música, dessa forma, organizou-se predominantemente por intermédio de professores particulares, ministrando aulas individuais e em domicílio, que se disseminaram, tornando-se símbolo de status e convivência social. Escolas de música não eram comuns na época. Clubes, sociedades, associações e grupos incumbiam-se de difundir a arte. A formação profissional do professor de música estava no Conservatório Nacional de Música, no Rio de Janeiro, ou nos conservatórios das grandes cidades européias (Jardim, 2003, p.35). A Sociedade de Cultura Artística (1912) e o Centro Musical de São Paulo (1913), criado pelo professor e compositor Savino De Benedictis, são exemplos dessas associações que difundiram a música na capital por muitos anos.

Neide Espiridião, corroborando as afirmativas de Vera Jardim, revela:

Ao findar o século XIX e nas primeiras décadas do século XX, a existência de uma elite paulistana favorecida pela economia do café no mercado internacional resultou em um crescimento acelerado da cidade, uma paisagem urbana moderna e um ambiente cultural efervescente. As atividades musicais na cidade de São Paulo, promovidas pelas sociedades e clubes musicais, eram intensas: apresentações instrumentais executadas por celebridades, cantores da época, música sinfônica e de câmara, e apresentações de óperas pelas companhias líricas estrangeiras e nacionais, nos diversos teatros da cidade. [...] Nesse contexto, acredito que a música ocupava um lugar de destaque, talvez pela tradição musical dos imigrantes europeus, reproduzindo hábitos e costumes da Europa e, ao mesmo tempo, pela tendência à europeização, processo que se observou na cidade, especialmente nas primeiras décadas do século XX(Espiridião, 2003, p.129-30).

Espiridião acredita que o grande número de pessoas que estudavam música com professores particulares propiciou um ambiente favorável à sistematização do ensino de música no país e a vontade política para fazer com que a profissionalização musical fosse obtida numa escola especializada. O Conservatório Dramático e Musical de São Paulo, criado em 1906, foi a primeira escola de música oficial da capital, promovendo um ensino musical de boa projeção artística e educativa.

Outros estabelecimentos artísticos foram surgindo, dirigidos por proprietários, na maioria imbuídos de intuitos mais comerciais do que pedagógicos. A reação moralizadora do governo contra essas escolas motivou, em 1938, a criação do Conselho de Orientação Artística – COA (Decreto nº 9.798, de 7 de dezembro de 1938), que teve a finalidade de fiscalizar e orientar o ensino da música de forma racional e educativa. Uma das preocupações do COA foi elaborar um plano de ensino para os conservatórios, denominado *Plano Padrão*. Dessa maneira, os cursos dos conservatórios foram destinados à formação de cantores, instrumentistas, compositores e professores, divididos em três níveis: primário, curso geral e curso de especialização.

Mais tarde, o COA transformou-se no Serviço de Fiscalização Artística de São Paulo (SFA) e foi responsável pela assistência pedagógica específica aos conservatórios. Seus agentes de fiscalização integravam bancas examinadoras, compareciam às audições de formatura e outros eventos.

Os fiscais do SFA foram de suma importância para os conservatórios, pois na maioria eram músicos consagrados. Eles não só desempenhavam uma orientação burocrática, como também ofereciam assistência artístico-pedagógica de relevo às escolas de música

16 Sonia Albano de Lima

(Espiridião, 2003). Esse organismo federal trouxe uma melhoria substancial à educação musical na capital e no interior, impedindo o funcionamento de instituições impróprias ao ensino musical na cidade. Armando Belardi relata:

> 1938 a 1945 foi a época em que o ensino da música e das belas artes tomou um rumo honesto e mesmo um grande desenvolvimento educacional. Infelizmente, com o andar dos tempos e com as novas diretrizes dos governantes, o Conselho perdeu a sua finalidade, e foi transformado em Serviço de Fiscalização Artística, deixando de estar subordinado à Secretaria de Educação e Saúde, passando para a Secretaria de Estado do Governo. Depois, interveio o Ministério da Educação e Cultura do Governo Federal, que mudou completamente a orientação do ensino de música no País (Belardi, 1986, p.34).

Diversas personalidades de destaque do meio musical fizeram parte do COA e do SFA, entre elas, Mário de Andrade, Samuel Archanjo, Caldeira Filho, Mozart Tavares de Lima, Camargo Guarnieri e o próprio Armando Belardi.

Posse do fiscal do governo junto ao Conservatorio Musical "Carlos Gomes"

Tomará posse, amanhã, quarta-feira, às vinte e trinta horas no cargo de fiscal do governo junto ao Conservatorio Musical "Carlos Gomes", o maestro Camargo Guarnieri.

A ceremonia realizar-se-á na séde daquele estabelecimento, à rua da Liberdade, 614, com a presença de autoridades do ensino, membros dos corpos docente e discente e convidados da diretoria. Em seguida ao áto será executado um programa musical, em homenagem ao compositor empossado.

Documento 1 – O recorte do jornal *Diário da Noite*, do dia 20/10/1942, reporta-se à cerimônia de empossamento do compositor Camargo Guarnieri, no cargo de fiscal de governo à frente do Conservatório Musical Carlos Gomes, hoje Faculdade de Música Carlos Gomes.

Documento 2 – No recorte do jornal *A Gazeta*, de 26/11/1958, presenciamos o compositor Osvaldo Lacerda, na ocasião diretor do SFA, proferindo discurso, na qualidade de paraninfo dos diplomandos de 1958 do Conservatório Musical Carlos Gomes.

Neide Espiridião, corroborando as afirmativas do maestro Belardi, relata que as décadas de 30 e 40 foram bastante significativas para a educação musical, levando em conta algumas iniciativas e ações de educadores e dirigentes para implantar o ensino de música nas escolas em âmbito nacional. Determinadas ações perpassaram até mesmo as reformas municipais e estaduais, anunciando as reformas nacionais que iriam surgir nos anos seguintes. Na época, Villa-Lobos teve papel preponderante (Espiridião, 2003, p. 190-207). Artista reconhecido internacionalmente, com personalidade marcante e carismática, soube conviver com o regime político de Getúlio Vargas, utilizando sua genialidade musical e sua influência política em prol da música e da educação musical. Trabalhou exaustivamente para implantar os orfeões escolares e formar professores de canto orfeônico para as escolas, ao mesmo tempo que organizava grandes manifestações corais.

A partir de 1932, a ação de Villa-Lobos desenvolve-se principalmente na Diretoria da Superintendência de Educação Musical (Sema), órgão que tinha como objetivo planejar, orientar e desen-

18 Sonia Albano de Lima

volver o estudo da música nas escolas primárias, no ensino secundário e nos demais departamentos da municipalidade. Ainda em 1932, sob sua direção, a SEMA organiza o primeiro Curso de Pedagogia da Música e Canto Orfeônico e, pouco a pouco, a ação de Villa-Lobos ganha apoio institucional e adquire dimensão nacional (Horta, 1994,p. 182).

Se o burburinho artístico do início do século possibilitou a criação do Conservatório Dramático e Musical de São Paulo, propiciou também a criação de alguns organismos culturais estrangeiros com funções pedagógico-musicais que justificaram sua transformação em futuros institutos de ensino musical. A Sociedade Benedetto Marcello, criada em 1906, foi um desses organismos – uma entidade recreativa italiana que no decorrer dos anos, além dos compromissos sociais, reuniu um grupo de músicos dirigidos pelo maestro Guido Rocchi para ensinar e praticar o canto coral – Sociedade de Canto Coral Benedetto Marcello, com sede na Rua João Teodoro, bairro da Luz. Foi tão promissor o serviço pedagógico prestado por essa sociedade no início de sua criação que os sócios deliberaram ampliar esse auxílio, incluindo na programação o ensino das práticas instrumentais e disciplinas teóricas complementares, tomando como modelo a pedagogia e os conteúdos programáticos advindos dos conservatórios europeus.

Esse compromisso estendeu-se de tal maneira que a sociedade acabou se constituindo em um organismo mantenedor do Instituto Musicale Benedetto Marcello, instituição criada entre os anos de 1906 e 1916, destinada ao ensino musical, orientada e dirigida pelo professor e maestro Memore Peracchi. No princípio, o corpo docente desse organismo era composto pelos professores Francisco Milone, Guilio Mazzi, Carlos Pieve, Guido Rocchi e seu filho, maestro Leo Peracchi, que após a morte do pai em 1938, substituiu-o na direção do estabelecimento até 1942, quando foi convidado a assumir, no Rio de Janeiro, o cargo de diretor artístico da Rádio Nacional do MEC. Tão numerosos foram os interessados no ensino musical realizado nesse estabelecimento que se tornou necessária a transferência de sua sede primeira para um prédio maior situado na Avenida Casper Líbero.

O fôlder de divulgação do Conservatório Musical Carlos Gomes, sem data, arquivado na Escola, é um dos poucos documentos que descrevem o processo de criação do Instituto Musical Benedetto Marcello:

Foi lá por 1906 que surgiu em São Paulo o Instituto Musical "Benedetto Marcello", fundado por uma plêiade de idealistas que muito realizou no setor do ensino musical. Seu último diretor, o saudoso maestro Memore Peracchi, teve continuação na pessoa de seu filho, maestro Léo Peracchi.

Após 36 anos de reais serviços, em 1942, esteve na eminência de cerrar suas atividades devido à nacionalização do ensino em nosso país. Passou, então, para as mãos do maestro Armando Belardi, que transformou radicalmente, sob nova denominação, CONSERVATÓRIO MUSICAL "CARLOS GOMES", em homenagem ao imortal compositor brasileiro.

Da Rua da Liberdade, 614, foi a sede transferida para a Rua da Glória, 529, e, atendendo ao seu grande crescimento, finalmente para a Rua Condessa de São Joaquim, 237, em prédio próprio, substancial e especialmente reformado, onde está instalado desde fevereiro de 1953 (Arquivo da FMCG)[1].

Documento 3 – O recorte do jornal A Gazeta, de 04/10/1957, relata a visita do compositor Villa-Lobos na cerimônia de inauguração da nova sede do Conservatório Musical Carlos Gomes.

1 Grifos da autora. A documentação arquivada dessa época é bastante precária. As matérias eram recortadas dos jornais e a data de publicação desses periódicos era apensada ao documento, o que descarta uma efetiva cientificidade.

Com a saída de Léo Peracchi, em 1942, o maestro Armando Belardi assume o cargo de diretor artístico da Sociedade Benedetto Marcello, juntamente com o administrador Isidoro Basseto, secretário Antonio Basseto e membros – maestro Savino de Benedictis e o industrial Affonso Nicoli.

Interessado em dar continuidade aos trabalhos pedagógicos que o Instituto Musicale Benedetto Marcello vinha realizando, Armando Belardi passou a ser o proprietário e diretor desse estabelecimento, recebendo o auxílio permanente da secretária e professora Gemma Rina Peracchi, filha de Memore Peracchi. Na ocasião, o Instituto estava localizado à Rua da Liberdade, 614, prédio onde hoje está instalada a Casa de Portugal, vindo posteriormente a ocupar um edifício situado na Rua da Glória, 525, por um período de oito anos.

Com a situação política instaurada após a Segunda Guerra Mundial, a Sociedade Benedetto Marcello foi obrigada a alterar sua estrutura jurídica, nacionalizando seus estatutos. Passou de associação italiana para uma sociedade nacional de ensino musical intitulada Conservatório Musical Carlos Gomes. Graças à sua projeção artística e política, Armando Belardi conseguiu a oficialização estadual desse estabelecimento. Para tanto, ao lado de Gemma Peracchi, reformulou e atualizou os conteúdos programáticos da escola e o quadro de docentes e difundiu uma intensa atividade artística que se estendeu para a vida cultural da capital e do interior. Durante anos, a escola ocupou posição de destaque, sendo citada como estabelecimento padrão de ensino musical em São Paulo. Comportou professores eméritos e uma agenda cultural privilegiada, que se propagou nos teatros da capital, na radiofonia, nas orquestras, nos concursos de música e nas temporadas líricas.

Como o Estado estava empenhado em regulamentar o ensino do canto orfeônico nas escolas, Belardi, durante anos, concentrou seus esforços no sentido de democratizar e difundir uma cultura musical no país, possibilitando o livre acesso da população e dos estudantes de música do interior e da capital aos concertos e recitais gratuitos. Esses concertos didáticos destinavam-se às escolas públicas e às classes proletárias e eram realizados em bairros da cidade, comportando exposição de desenhos, pinturas e esculturas. De certa forma, contri-

Documento 4 – O recorte do jornal *Excelsior*, de 03/04/1943, revela uma das atividades de extensão do Conservatório no Curso de Aperfeiçoamento de Piano ministrado pelo Maestro Souza Lima.

Maestro Souza Lima

Curso de Aperfeiçoamento de Piano

A aula inaugural do maestro Souza Lima, ontem, no Conservatório Musical "Carlos Gomes"

Dentre as figuras de projeção em nossos meios artísticos contratadas para o corpo docente do Conservatório Musical "Carlos Gomes", ressalta a figura do maestro Souza Lima, o "virtuose" do piano que tanto sucesso tem alcançado dentro e fora do país.

Ontem, às 20,30 horas, o maestro Armando Bellardi deu posse ao catedrático do Curso de Aperfeiçoamento de piano daquele estabelecimento, tendo comparecido grande número de famílias de alunos, figuras de destaque nos meios artísticos de São Paulo, bem como/os srs. Mozart Tavares de Lima, representante do Conselho de Orientação Artística e Chagas Junior, fiscal federal junto ao Conservatorio.

A aula inaugural pronunciada pelo conhecido maestro paulista foi muito aplaudida pela enorme assistência que enchia literalmente o salão nobre do estabelecimento.

buíram muitíssimo para integrar a atividade artística das escolas de música no Projeto de Difusão das Artes e Proteção aos Artistas Nacionais, projeto de autoria do maestro Belardi no período em que foi membro representativo do COA (Espiridião,p.189).

Nos arquivos da faculdade, uma excelente mostra desse trabalho encontra-se no Ciclo Integral das Sonatas para Piano de L. V. Beethoven, na interpretação do célebre pianista Fritz Jank (1965), intercâmbio cultural artístico da Empresa ICA, tendo como diretor H. Frischler, que posteriormente foi palco de algumas apresentações no Teatro Municipal de São Paulo. O pianista durante anos integrou o quadro de professores dessa instituição, sendo responsável pela formação de inúmeros pianistas e atuando freqüentemente no cenário musical paulistano, com grande notoriedade. Nesse período também o maestro Camargo Guarnieri era responsável pelo curso de composição na escola, aberto ao público interessado.

Outra função importante desempenhada pelo Conservatório Musical Carlos Gomes foi o reconhecimento oficial da formação acadêmica de muitos instrumentistas europeus portadores ou não de diplomas estrangeiros, o que lhes permitiu melhor atuação como professores e instrumentistas nas orquestras do Brasil. Muitos deles mais tarde tornaram-se professores da própria escola. Entre eles, destacamos a figura do contrabaixista Sandor Molnar Jr., que havia estudado no Conservatório da Hungria e concluiu seu curso na Faculdade, e do trompetista Dino Pedini, que também regularizou sua formação, anteriormente obtida em conservatório italiano.

Nomeado para o cargo de inspetor de ensino artístico do Estado no ano de 1948, Armando Belardi foi forçado a passar a direção do conservatório para a professora Gemma Rina Peracchi, assumindo oficialmente a função de secretário do estabelecimento. Mesmo assim, não abandonou seu ideal de transformar a escola num instituto de ensino superior de música. Em 1953, o conservatório passa a ter sede própria, à Rua Condessa de São Joaquim, 237, com auditório para cento e vinte poltronas, além de doze salas de aula e área administrativa, onde foram realizadas inúmeras apresentações e concursos de música.

Finalmente, em 1963, o Conselho Federal de Educação, mediante Parecer n. 395/62, reconheceu e oficializou o conservatório como instituição privada de ensino superior de música, mediante o Decreto nº 52.073, de 28 de maio de 1963, publicado no Diário Oficial da União de 20 de novembro de 1963. Foi um dos poucos estabelecimentos de ensino artístico no Estado de São Paulo que ficou subordinado ao Ministério de Educação e Cultural. Seu primeiro regimento interno foi aprovado em 1966 pelo Parecer nº 6l4/66 e só em 1973 passou a ser denominado Faculdade de Música Carlos Gomes, de acordo com o Parecer nº 339/73.

Armando Belardi trabalhou na gestão administrativa dessa escola até o ano de 1974. Mesmo tendo se empenhado em transformá-la numa instituição de ensino superior de música, prontamente percebeu os prejuízos que essa decisão ocasionou para a escola e também para a educação musical. A busca desenfreada por uma titulação de nível superior pôs fim ao ensino musical continuado. Os

> **SÃO PAULO — TERÇA-FEIRA, 20 DE AGÔSTO DE 1963**
>
> ## A DIRETORIA DO
> # Conservatório Musical "CARLOS GOMES"
> (da Capital)
>
> tem a grata satisfação de comunicar que, pelo Decreto n.o 52.073 de 28 de Maio do corrente ano do EXMO. SR. PRESIDENTE DA REPÚBLICA, lhe foi concedido
>
> # RECONHECIMENTO FEDERAL
>
> enquadrando-o, desta forma, no ENSINO SUPERIOR.
>
> Para Inspetora foi nomeada a ilustre compositora professora Dona DINORÁ DE CARVALHO.
>
> São Paulo, 19 de Agôsto de 1963.
>
> Pelo CONSERVATÓRIO MUSICAL "CARLOS GOMES"
> GEMMA RINA PERACCHI — Diretora

Documento 5 – O recorte do jornal de 20/08/1963 retrata a comunicação oficial do reconhecimento federal do Conservatório Musical Carlos Gomes como instituição de ensino superior de música e a nomeação da compositora Dinorá de Carvalho para o cargo de Inspetora.

conservatórios perderam gradualmente a sua importância, a música e o canto orfeônico foram se afastando das escolas. Podemos sentir o amargor de sua alma nestas palavras: "Hoje em dia, não há mais diplomas estaduais, o ensino não é mais fiscalizado pelo Estado, a música virou uma profissão de 'técnicos'... e quem ficou prejudicada foi a nossa sublime Arte: a Música" (Belardi, 1986, p.34).

Realmente, observa-se na leitura de documentos e, mais atentamente, nas dissertações de mestrado, que a partir de 1968 as políticas públicas deflagraram uma batalha acirrada para implantar o ensino musical de nível superior no Brasil. Essa empolgação imiscui-se em boa parte dos profissionais e educadores do país. Inúmeras portarias ministeriais foram criadas para adequar as escolas a essa nova realidade, provocando modificações que no futuro não se tornaram tão benéficas para a educação musical brasileira.

O maestro Belardi secretariou graciosamente o estabelecimento até 1974, quando se retirou com Gemma Peracchi, que por trinta e dois anos consecutivos o acompanhou na direção e organização

24 Sonia Albano de Lima

dessa instituição. Na leitura do Parecer nº 395, de 19 de dezembro de 1962, que autorizou o reconhecimento federal do Conservatório Musical Carlos Gomes, observa-se que, dos trinta e dois professores incluídos no processo, vinte e um foram alunos graduados pela própria escola, inclusive a professora Gemma Peracchi.

Com a saída de Armando Belardi, a escola, como tantas outras instituições de ensino musical, passou por um declínio pedagógico e infra-estrutural gradativo, atribuído quase que exclusivamente às novas deliberações do poder público federal e estadual. Se no passado algumas medidas políticas importantes foram tomadas com relação aos rumos da educação musical brasileira, no decorrer dos anos elas se tornaram ineficazes, difundindo uma seqüência de impropérios administrativo-pedagógicos. Belardi assim se manifesta com relação a esse período:

> Para minha mágoa, vi um dos meus sonhos desmoronar-se entre o turbilhão dos incompetentes, inovadores e improvisadores do ensino, visando apenas e somente o interesse econômico e possivelmente imediato. Assim, dei por terminada a minha nobre missão de educador musical, a não ser no setor lírico, que até hoje mantenho. (Belardi, 1986, p.36).

Reflexos da LDB nº 5.692/71 nas escolas de música brasileiras

A partir de 1968, o SFAC – Serviço de Fiscalização, diante de tantas mudanças legislativas, já não dispunha do mesmo rigor do antigo COA[2] e foi extinto em 1976, com a publicação do Decreto Estadual nº 8.905, de 29 de outubro de 1976, ocasionando profun-

---

2 No jornal *A Gazeta*, de 7 de dezembro de 1948, a ilustre pianista Antonieta Rudge, em entrevista, revela seu profundo descontentamento com a extinção do Conselho de Orientação Artística: "Essa medida tem por base a economia. Entretanto, toda gente sabe que a verba destinada ao Conselho de Orientação Artística é verdadeiramente irrisória, principalmente se levarmos em conta as suas inúmeras realizações. Este não seria, pois, um motivo justo para a extinção da única entidade que em nosso Estado serve de estímulo para os artistas, pessoas essas que, em geral, não são financeiramente aquinhoadas de acordo com o seu talento". Ao se referir ao COA, ela declara: "É uma entidade sobejamente conhecida, e sobremodo simpática. É ela que organiza anualmente o Concurso ao Prêmio de Aperfeiçoamento Artístico que permite aos nossos artistas um curso de aperfeiçoamento no estrangeiro [...] Ali vêm trabalhando pela nossa evolução artística nomes conhecidos que já conquistaram há muito a admiração pública, tais como Camargo Guarnieri, Souza Lima, Belardi, Raul Larangeiras, Alberto Sales, Antonio Munhoz, Marcelo Tupinambá e muitos outros, encarregados de orientar o futuro dos valores novos. São pessoas intimamente ligadas aos problemas da arte".

dos transtornos para os conservatórios. É importante retratar que, embora o canto orfeônico tenha obtido, na Era Vargas, grande importância na difusão da cultura musical e caráter estratégico na política educacional do período, sofreu considerável rebaixamento com a promulgação da LDB nº 4.024/61, que instituiu o Curso de Educação Musical em substituição aos Cursos de Canto Orfeônico ministrados nos conservatórios e nas escolas de música. A política de Vargas atribuiu à música um papel central, ao lado do rádio e do cinema, no esforço de educar e mobilizar multidões, numa época em que a linha divisória entre a cultura e a propaganda era difícil de ser estabelecida (Schwartzman, 2000, p. 107, e Jardim, 2003, p. 11). Durante muitos anos, o canto orfeônico foi disciplina curricular obrigatória em todas as escolas brasileiras. Entretanto, a LDB nº 4.024/61 trouxe outra vontade política, que se consumou na reforma de 1971, modificando toda a estrutura do sistema educacional. Com a LDB 5.692/71, o ensino de segundo grau passou a ser profissionalizante (técnico), situação que só foi alterada com a Lei nº 7.044/82 que isentou os estabelecimentos da obrigatoriedade de oferecer uma habilitação profissional de segundo grau.

Com a LDB nº 5.692/71, o Conselho Federal de Educação instituiu o Curso de Licenciatura em Educação Artística (Parecer nº 1.284/73), com quatro habilitações possíveis: artes plásticas, desenho, música e teatro. Foi alterada a estrutura curricular dos Cursos de Educação Musical e implantada a polivalência para o professor de artes. Os cursos superiores sofreram profundas alterações, com o intuito de atender à nova realidade político-educacional. No ensino musical, essa situação perdurou aproximadamente trinta anos, prejudicando gradualmente a formação de nossos professores. Foram anos bastante difíceis para a maioria dos conservatórios e escolas de música do Brasil. As solicitações de pareceres orientadores para o Conselho Federal de Educação, tanto para a escolas como para os professores em situação transitória, foram inúmeros, o que ocasionou diversos ajustes legais por parte do conselho.

O ensino artístico, atraído pela nova estética advinda do pensamento libertário do pós-guerra, via na criatividade o novo modelo estético de ensino, priorizando mais atentamente os cursos superiores de educação artística do que a formação instrumental musical e a docência. O velho ensino musical de base tecnicista foi substituído pela vontade política de instituir novas experiências artísticas que não valorizaram tanto a prática instrumental. O canto orfeônico, o motivador da educação musical de outrora, foi totalmente abolido das escolas normais e conservatórios.

A LDB nº 5.692/71 trouxe para os conservatórios profundas modificações. Seus cursos foram enquadrados no Sistema Estadual de Educação como ensino supletivo, correspondendo aos três últimos anos dos antigos cursos musicais. Esse enquadramento levou grande parte dessas escolas a optar por manter as séries anteriores como cursos livres de música, fundamentais para o prosseguimento nos cursos profissionalizantes, porém não integrados ao sistema estadual de ensino. Graças ao Parecer CFE nº 1.299/72, os conservatórios foram transformados em estabelecimentos de ensino profissionalizante, oferecendo habilitação profissional plena em música, em técnico em instrumento, canto, instrutor de fanfarra e sonoplastia. As disciplinas do núcleo comum do ensino de segundo grau deveriam ser cursadas nos estabelecimentos de ensino regular, em tempo anterior, concomitante ou posterior ao curso profissionalizante do conservatório, sem o qual os alunos não poderiam receber seus diplomas técnicos. Para o ingresso nesses cursos, a lei prescrevia a idade mínima de 14 anos e a conclusão do ensino de primeiro e segundo graus.

Os conservatórios subordinados às Secretarias de Educação perderam muito, uma vez que as Delegacias de Ensino e os supervisores de ensino designados para a fiscalização desses institutos não dispunham de preparo e formação musical suficiente para atender às suas expectativas, como outrora existira no antigo COA. Esses agentes fiscalizadores projetavam para os conservatórios o mesmo tipo de fiscalização destinado às escolas de primeiro e segundo graus. Aos poucos, os interesses musicais foram sucumbindo diante da necessidade de privilegiar mais diretamente as prioridades da política educacional vigente.

Observou-se, no decorrer dos anos, que os cursos superiores de educação artística não surtiram o efeito esperado. Eles difundiram uma ação pedagógica polivalente, que praticamente destituiu o ensino artístico de conteúdos específicos nas habilitações pleiteadas. Os conservatórios e escolas de música entraram em franco colapso, perdendo a notoriedade. Na revista *Fazendo Artes*, Cecília Conde argumenta:

> Sou formalmente contra o ensino de educação artística. Eu acho que ela provocou uma decadência no ensino de música, foi a confusão da decadência dos vinte anos, foi uma faca de dois gumes.[...] Eu acho que é um curso de nada pra ninguém. Para nada. Você não pode formar, em quatro anos, ninguém, numa linguagem específica (Penna, 1987, p. 9).

Escolas e conservatórios que até então haviam obtido prestígio no cenário musical passaram por um período de profundo ostracismo. A Faculdade de Música não foi exceção, permanecendo no anonimato por bons anos. Dos 42 professores e 450 alunos indicados pelo maestro Armando Belardi no ano de 1963 (Belardi, 1986, p.36), a escola, próximo dos anos de 1980, passou a comportar salas de aulas com oito alunos, no máximo. Sua atividade artística ficou circunscrita ao espaço escolar, o número de professores foi reduzido substancialmente em razão dos baixos salários. Exercendo também a função de conservatório de nível técnico, o desprestígio foi maior, considerando-se que essa certificação foi totalmente destituída de função pela nova política de ensino. Deve-se considerar também que escolas não oficializadas da municipalidade de São Paulo, como a Escola Municipal de Música e, mais tarde, a Escola de Iniciação Artística (Lima, 1999), passaram a exercer uma atividade pedagógica de acentuada relevância para o ensino musical da capital e que as universidades públicas de música, como a ECA-USP e a IA-Unesp, abrigavam o maior índice de alunos, por conta da gratuidade do ensino operado. A situação foi agravada com a ação da Ordem dos Músicos do Brasil, que destituiu de qualquer importância o ensino técnico de música.

Com o afastamento do maestro Belardi no ano de 1974, a direção da faculdade coube ao professor Luis Antonio Rodrigues – pianista e bacharel em Direito, ex-aluno do Conservatório Musical Carlos Gomes. A mantença dessa instituição foi constituída por uma associação sem fins lucrativos, formada por um grupo de professores que haviam permanecido na instituição.

Assumindo o cargo sob a vigência da nova política educacional, pode-se intuir que sua gestão administrativa muito pouco pôde realizar. Os recursos financeiros eram parcos. Gradualmente, o conservatório e a faculdade foram perdendo alunos. No arquivo da escola, pode-se constatar que entre os anos de 1976 e 1983, a estimativa de alunos regulares cursando a faculdade não passava de sete ao ano, o mesmo ocorrendo com o conservatório, enquanto no ano de 1970 a escola estava com aproximadamente 21 formandos. No ano de 1960, no livro de registro de diplomas arquivado na Escola, constam 93 alunos inscritos; em 1961, constam 83 alunos[3]. Ano após ano, constata-se um declínio de alunos nesse livro de registro.

A escola transferiu-se para um prédio bastante precário, à Rua Pirapitingui, na Liberdade, tacanho nas dimensões, muito úmido, o que danificou o acervo instrumental, bibliográfico e documental da escola. Tanto os cursos técnicos como os cursos de bacharelado em instrumento e canto funcionavam sob condições financeiras muito instáveis, com redução significativa do quadro de docentes. A atividade artística dos alunos e professores ficou restrita para pequenas audições mensais internas e exames anuais de instrumento com banca pública. Do clamor de outrora restou apenas a obstinação desse gestor para manter em funcionamento os cursos de graduação, os cursos técnicos e os cursos livres de música.

Devido a uma doença grave, foi obrigado a afastar-se da direção, repassando a mantença, que antes era uma associação sem fins lucrativos, para uma sociedade civil limitada com fins lucrativos. Esse erro legal infundado ocasionou para o futuro uma excessiva carga tributária e condições financeiras impróprias para uma escola de música, prejudicando sensivelmente a fluência pedagógica do estabelecimento junto aos órgãos públicos. Essa situação só foi autossustentável devido ao apoio financeiro da sucessora Elga Nicodemos Marte, o que não permite uma estatística de bases científicas.

---

3 Não foi elaborada uma tabela estatística de alunos, uma vez que os dados constantes dos livros não se consubstanciam como provas fidedignas. Muitos documentos foram danificados, outros, extraviados, o que não permite uma estatística de bases cientificistas.

Revitalização da faculdade na década de 80

Em março de 1985, Elga Marte assume a mantença da Faculdade de Música Carlos Gomes, ao lado do pianista Roberto Sabbag, seu ex-professor, que permaneceu diretor pedagógico do estabelecimento por um curto período, dadas as divergências na condução administrativa da instituição. Já no começo de 1986 ela incorpora as funções de diretora e agrega seus filhos à sociedade mantenedora, nomeia como vice-diretora a professora Sonia Albano de Lima para auxiliá-la na parte pedagógica e administrativa, e como coordenador artístico o maestro Barros Garboggini.

Desde o início ela teve a intenção de reviver o período áureo da instituição e transformá-la num centro de ensino musical de referência. Ex-aluna do curso de piano do Conservatório Dramático Musical de São Paulo, ela e sua equipe de coordenação, numa trajetória de aproximadamente treze anos, revigoraram e reformularam toda a estrutura pedagógica e artística da escola, conferindo-lhe certa projeção.

Elga N. Marte transferiu a sede da faculdade da Rua Pirapitingui, 162, para a Rua Paula Ney, 79, e mais tarde para um casarão de sua propriedade, situado na Rua Almeida Torres, 264. Durante sua gestão, apoiou integralmente a coordenação pedagógica e artística promovida pelo maestro Barros Garboggini e as ações pedagógicas da professora Sonia Albano de Lima, auxiliou financeiramente inúmeros alunos com bolsas de estudo, concedeu apoios culturais significativos para a escola e melhorou consideravelmente a infra-estrutura escolar.

Adotando uma postura altamente mecênica na condução de seus trabalhos, já em 1986 criou e manteve financeiramente a Orquestra de Câmara Carlos Gomes e o Madrigal Carlos Gomes, regidos pelo maestro e compositor Barros Garboggini, diplomado pela Universidade Federal da Bahia, com cursos de extensão na Universidade de Berlim. Esse maestro que já havia lecionado na UNAERP e na Universidade Estadual de Uberlândia, fundou e dirigiu a Orquestra de Câmara e Coral Municipal de Franca e teve a sua obra *Salve Rainha* classificada no I Concurso Internacional de Música em Barcelona, entre outras atividades.

Durante certo tempo ele foi responsável pela disciplina de Canto Coral, pela direção artística do Madrigal, e Orquestra de Câmara da Faculdade. Foi chefe do departamento de composição e regência e coordenador dos cursos de graduação desta escola. Durante sua atuação na Orquestra e no Madrigal foram realizados aproximadamente dez concertos e recitais, na capital e no interior, com a participação de artistas convidados e alunos da faculdade. A apresentação de 29 de novembro de 1986, no Auditório Dr. Júlio de Mesquita Filha, em Itu, teve como convidado o pianista Cláudio Richerme executando o concerto para piano, trompete e orquestra de D. Shostakovich e a participação do aluno trompetista Eduardo Pontes Madeira. Outros concertos foram realizados pela Orquestra e pelo Madrigal Carlos Gomes, com a atuação dos alunos Patrícia Endo, Nelson Nihomatsu e Sergio Burgani.

Barros Garboggini marcou positivamente os rumos artísticos da Faculdade de Música Carlos Gomes, pelo espírito empreendedor, pela liderança, colaboração, pelo auxílio e incentivo profissional aos alunos, professores e à direção. Veio a falecer em 1988, quando já se encontrava afastado da escola, ocasionando para a Instituição uma significativa perda. O regente sucessor da Orquestra de Cordas, o violista Horácio Schaffer, apesar da extrema competência e habilidade na condução da orquestra, não conseguiu realizar o mesmo serviço pedagógico desenvolvido por Garboggini. O Madrigal também não teve continuidade, apesar do grande empenho e auxílio financeiro prestado pela diretora Elga N. Marte. Continuaram os recitais, as audições públicas de alunos e professores e os cursos de extensão, sob a coordenação da vice-direção. Já no final de 1997, esses corpos estáveis haviam sido totalmente desativados, situação bastante pesarosa, pois pouquíssimas eram as faculdades de música privadas na época que comportavam uma orquestra de câmara e um madrigal.

Elga N. Marte, em data futura, criou o Coral Comunitário Carlos Gomes, sob a regência do compositor e maestro Marcos Câmara, que durante alguns anos lecionou nos cursos de graduação e pós-graduação da Faculdade. Ele também redigiu o *Informativo*

Carlos Gomes, um jornal destinado a veicular a produção cultural, artística e científica da escola. Tanto o coral quanto o informativo tiveram existência bastante limitada.

Em sua gestão, Elga Marte aumentou o acervo instrumental, bibliotecário e tecnológico da escola, criou a Biblioteca Musical Elga Nicodemos Marte, onde foram catalogados o parco acervo bibliotecário que restara, o acervo bibliotecário e discográfico doado pelo seu esposo Paulo Marte e o novo acervo adquirido pela direção. Foram realizados minicursos, palestras, seminários, feiras de música, oficinas, masterclasses e workshops discutindo temáticas variadas, coordenados pela professora Sonia Albano de Lima e divulgados na mídia, entre eles destacam-se: o Curso de História da Ópera, Gêneros e Formas da Literatura Operística, ministrado pelo maestro Sérgio Magnani; o Seminário de Canto Gregoriano, com a Irmã Maria do Redentor; o Curso de Especialização em Música de Câmara e Interpretação para solistas e cameristas, com o professor Walter Bianchi; o Curso de Interpretação das obras de Chopin, com Homero Magalhães e André Luiz Rangel; o Ciclo Norte-Americano de Cursos de Interpretação Musical, com o flautista Keith Underwood (EUA) e o pianista David Witten (EUA); masterclasses com o pianista Morderhay Simoni (Tel Aviv), o pianista Marcelo Verzoni (Rio de Janeiro), o fagotista Cláudio Gonella da Orchestra Internazionale d'Italia e seu regente e oboísta Diego Dini Ciacci, o violonista Hebert Käppel (Alemanha), integrantes do Trio Semplice da Dinamarca (violino, flauta e violão), o flautista Felix Renggli (Suíça), o clarinetista David Singer (EUA), o pianista Lourenço Finatti (Alemanha), os violonistas Roberto Capocchi e Ewerton Gloeden; o ciclo de palestras realizado em 1994 e 1995, que deu origem à publicação organizada por Lia Tomás, *De sons e signos – música, mídia e contemporaneidade* (São Paulo: Educ).

Sob sua direção, a faculdade foi uma das primeiras escolas de música a solicitar junto ao MEC o reconhecimento oficial dos cursos de bacharelado em instrumento e canto, na área de música popular. Por falta de dispositivo legal que regulamentasse o pedido, a escola, seguindo as informações do Parecer CFE nº 733/92, de 1º de dezembro de 1992, teve que agregar à grade curricular oficial dos cursos de bacharelado em instrumento e canto já credenciados, algumas disciplinas optativas na área de música popular, uma vez que o Conselho Nacional de Educação não reconhecia os cursos de bacharelado em música popular.

No ano de 1995 foi requerida pela primeira vez, junto ao MEC, autorização para a implantação do Curso de Licenciatura em Música. Esse pedido foi negado, além de mais outros dois, uma vez que contrariavam a orientação do Conselho Nacional de Educação que autorizava o funcionamento apenas dos Cursos de Educação Artística com habilitação em música. Só após a promulgação da LDB 9394/96, a faculdade pôde ingressar com novo pedido de autorização de funcionamento de um Curso de Licenciatura em Música, que obteve reconhecimento em 2005, com a Portaria nº 1.350, de 20 de abril de 2005.

Em 1992, considerando a importância dos cursos de pós-graduação lato sensu e stricto sensu para os músicos, a vice-diretora Sonia Albano de Lima ingressou com os projetos desses cursos no Conselho Nacional de Educação e na Capes, objetivando autorização de funcionamento. O Parecer CFE nº 410/92, de acordo com a Resolução CFE nº 12/83, autorizou o funcionamento dos cursos de pós-graduação *lato sensu* em música, nas áreas de prática instrumental (flauta transversal e música de câmara), composição musical e musicologia. Contudo, no que diz respeito ao Mestrado em música, apesar de obter autorização prévia de funcionamento para dois anos, conforme determinava a lei, o curso não foi recomendado, por falta de doutores suficientes para cada área de concentração biblioteca e infra-estrutura adequada, permitindo-se correções futuras. Comunicados sobre essa decisão, boa parte dos docentes credenciados no programa e os trinta alunos matriculados se afastaram. Mesmo assim, dois concluíram seus cursos, com o consentimento processual de suas universidades de origem, que dispunham de regimentos internos que abrigavam essa situação. Posteriormente, esses dois alunos ingressaram em programas de doutorado reconhecidos pela Capes e um deles teve o seu trabalho publicado: Raul Costa d'Avila, *A articulação na flauta transversal moderna – Uma abordagem histórica, suas transformações, técnicas e utilização* (Pelotas, RS: Editora Universitária/UFPel, 2004).

Até 1997, a faculdade, apesar das inúmeras investidas, não havia crescido o suficiente para que a diretora Elga Marte se entusiasmasse em dar continuidade a seu trabalho. A burocracia exigida pelos órgãos governamentais para aprovação de novos cursos, a negativa da Capes para o funcionamento do Mestrado, o número escasso de alunos que freqüentava a escola, os excessivos gastos com tributação para conservar uma faculdade privada mantida por uma sociedade civil com fins lucrativos, a falta de apoio financeiro dos órgãos de fomento e os gastos excessivos para divulgar a produção artística levaram-na a desistir do cargo. Já na ata extraordinária realizada em 21 de outubro de 1997, ela tornou público aos alunos e professores sua intenção de vender o estabelecimento e se retirar da direção, pedindo a suspensão temporária do processo seletivo pelo período de dois anos.

Atual gestão administrativo-pedagógica

No dia 13 de fevereiro de 1998, em Assembléia Ordinária, Elga Nicodemos Marte requer junto à congregação a nomeação da professora Sonia Albano de Lima para o cargo de diretora da faculdade, uma vez que essa professora já estava coordenando os cursos de pós-graduação *lato sensu* e a graduação. Nos próximos quatro anos, Elga se manteria afastada da administração e seria a vice-diretora da faculdade. Entretanto, no dia 30 de junho de 1998, mediante ata extraordinária, manifestou sua intenção de dissolver também a sociedade mantenedora da faculdade, deliberando que a professora Sonia Albano de Lima e o professor Celso Antonio Mojola deveriam dar início ao processo de constituição de uma nova sociedade mantenedora, que funcionaria como sociedade sucessora. Nesse período, a faculdade tinha cinco alunos, devido aos boatos de encerramento. Essa situação não impediu a formação de uma nova sociedade mantenedora, muito menos a realização de novo processo seletivo, que contou com apenas três alunos.

Elga Nicodemos Marte, confirmando ainda seu espírito altamente mecênico, por longo período emprestou, mediante contrato de comodato, grande parte do acervo instrumental e bibliotecário da faculdade e doou parte de seu mobiliário para a nova sociedade mantenedora. Em 14 de dezembro de 1998, o estabelecimento passa a ser mantido por uma nova sociedade civil, e não por uma associação, como pretendia a atual direção. Essa sociedade, além de mantenedora da faculdade, teria como objetivos: a prestação de serviços de ensino musical, artístico e pedagógico em todos os níveis e modalidades; a realização de empreendimentos ou eventos musicais, artísticos e pedagógicos; a promoção, a formação e o treinamento de instrumentistas, pedagogos em arte e educação artística; o intercâmbio com entidades culturais, nacionais e internacionais.

A nova administração transfere a sede da faculdade para a Rua Paula Ney, 521, Vila Mariana, prioriza a reformulação pedagógica da escola nos moldes instituídos pela nova política de ensino, a produção científica na área e a propagação do processo de construção do conhecimento musical compatível com o mercado, desenvolvendo as competências e habilidades profissionais exigidas. Introduz um ensino musical mais voltado para a realidade sociocultural do país, implanta novos cursos de graduação, revigora os cursos de pós-graduação lato sensu, oferece cursos de extensão para a coletividade, renova o quadro de docentes e incorpora para si, além do trabalho administrativo, o trabalho de coordenação pedagógica de reformulação e a adequação dos processos já instaurados junto ao MEC.

Em 1999, o programa de pós-graduação estende sua atuação para a área de educação musical, criando os cursos de pós-graduação *lato sensu* em Musicoterapia, Músico Reabilitador e Práticas de Ensino Musical. No ano de 2004 foi contemplada a área de concentração Música Popular Brasileira no curso de pós-graduação em música. Cursos de extensão e seminários em educação musical foram realizados, entre eles destacam-se: o Curso de Iniciação e Sensibilização Musical, por Enny Parejo; o I Curso de Verão para Educadores Musicais, incorporando quatro oficinas de música; o Ciclo de Palestra Educadores Musicais Brasileiros. Foram organizados workshops sobre arranjo, harmonia e improvisação para músicos populares com Roberto Sion e Fernando Corrêa e o curso de técnicas de respiração com o flautista Keith Underwwod (EUA). Foi intensificada a realização de encontros e atividades científicas; dessa forma, a faculdade abrigou o II Encontro Regional da Abem – Região Sudeste, promoveu o I Seminário da Voz Cantada e apóia o I e II Encontro Interdisciplinar de Musicologia, promovido pela Sociedade Brasileira de Musicologia.

Em 2000 tem início o processo de reestruturação das bases pedagógicas, artísticas, filosóficas e científicas da escola, atendendo às novas medidas implantadas pela política educacional. Busca-se uma equanimidade entre a produção de conhecimento e o exercício profissional; a formação continuada; um processo de ensino de extensão; a circulação e socialização dos resultados e conhecimentos produzidos; a atitude reflexiva e compartilhada com a comunidade; o reequacionamento das funções de ensino e aprendizagem.

Diante de uma sociedade tecnológica, industrializada e globalizada, as artes assumem uma nova função social, transformando-se em área de conhecimento capaz de humanizar o mundo. Esse tem sido o novo paradigma pedagogico da instituição, que transpõe seus muros nos projetos culturais implantados, no desempenho profissional de seus professores e alunos, nos trabalhos de pesquisa, nos cursos de extensão, no serviço que presta à comunidade, lançando-se para um futuro que busca um novo tempo e espaço na árdua tarefa de produzir e democratizar os conhecimentos.

Por razões mais do que óbvias, só o tempo avaliará essa nova gestão. No entanto, parte do seu trabalho poderá ser objeto de análise nos artigos de alguns professores e ex-alunos.

Sempre há mais para se dizer, sempre as análises serão contraditórias, sempre haverá diversidade de interpretações. Afinal, aí reside a riqueza epistemológica do mundo.

REFERÊNCIAS BIBLIOGRÁFICAS

BELARDI, Armando. *Vocação e arte: memórias de uma vida para a música*. São Paulo: Músicas e Instrumentais – Casa Manon S. A., 1986.

36 Sonia Albano de Lima

ESPIRIDIÃO, Neide. *Conservatórios: currículos e programas sob novas diretrizes.* São Paulo: s.n., 2003. 2v. Dissertação (Mestrado). Universidade Estadual Paulista, Instituto de Artes.

HORTA, José Silvério Baía. *O hino, o sermão e a ordem do dia: a educação no Brasil (1930-1945).* Rio de Janeiro: Editora UFRJ, 1994.

JARDIM, Vera Lúcia Gomes. *Os sons da república – o ensino da música nas escolas públicas de São Paulo na primeira república – 1889 – 1930.* São Paulo: 2003. Dissertação (Mestrado). Pontifícia Universidade Católica de São Paulo.

LIMA, Sonia Albano. *Escola Municipal de Música – Criação e desenvolvimento.* São Paulo, 1999. Tese (Doutorado). Pontifícia Universidade Católica de São Paulo.

MACHADO DA SILVA, Maria Augusta. *Um homem chamado Villa-Lobos.* Revista do Brasil. Rio de Janeiro, v. 4, n. 1, p. 45-65, 1988.

MARCONDES, Marcos Antônio (Org.). *Enciclopédia da música brasileira: erudita, folclórica e popular.* 2. ed. São Paulo: Art Editora, 1998, 912p.

PENNA, Lúcia Marina Moreira. Entrevista de Cecília Conde. *Fazendo Artes*, Rio de Janeiro: Funarte, 1987, n. 8.

SCHWARTZMAN, Simon et al. *Tempos de Capanema.* São Paulo: Paz e Terra, 2000.

SONIA ALBANO DE LIMA é diretora e coordenadora pedagógica do programa de graduação e pós-graduação *lato sensu* da FMCG, sendo responsável pela orientação dos alunos na elaboração de monografias e TCCs na área de educação musical e performance. É professora colaboradora do programa de pós-graduação em música do IA-Unesp. Doutora em Comunicação e Semiótica, área de Artes (PUC-SP), pós-graduada (especialização) em práticas instrumentais e música de câmara (FMCG), aperfeiçoamento em interpretação musical e música de câmara sob a responsabilidade do professor Walter Bianchi (FMCG), bacharel em Instrumento – Piano (FMCG), bacharel em Direito pela Faculdade de Direito da USP. Lecionou piano na Escola Municipal de Música de São Paulo (1975-1999). Integra o Grupo de Estudos e Pesquisas da Interdisciplinaridade da PUC-SP e o Grupo de Pesquisas em Educação Musical do IA-Unesp. É avaliadora das condições de ensino superior do Inep. Livros publicados: *Escola Municipal de Música – 30 anos de ensino profissionalizante* (1999); *Uma metodologia de interpretação musical* (2005); Investigação hermenêutica nos processos de interpretação musical, capítulo IV do livro *Performance Musical e suas interfaces de RAY* (organização; Goiânia, GO: Editora Vieira, 2005); *32 estudos escolhidos de R. Kreutzer e P. Rode – Método musical para viola.* Trabalho de revisão (organização; São Paulo: FMCG, 2000); *Educadores musicais de São Paulo – Encontro e reflexões* (organização; São Paulo: Nacional, 1998). Tem atuado freqüentemente em congressos de educação, educação musical, performance e música no Brasil e no exterior.

❀ O MÚSICO E O MERCADO: AFIRMAÇÕES E CONTRADIÇÕES[1]
Celso Mojola

Ao iniciarmos oficialmente o ano letivo de 1999, gostaria de fazer um agradecimento a todos os presentes. À diretoria, aos professores, funcionários, ex-alunos e demais amigos da nossa Faculdade, um agradecimento pela inestimável colaboração nos últimos meses para que pudéssemos iniciar este ano de modo tão positivo como estamos iniciando agora. Sem dúvida, sem esse apoio e espírito de equipe, muito pouco teria sido conseguido. Mas este agradecimento é também uma lembrança de nossas responsabilidades, e de que o trabalho a ser desenvolvido daqui para a frente é ainda bastante difícil e exige o mesmo espírito profissional e ético.

Aos alunos que ingressam em nossa comunidade neste ano, o agradecimento pela presença aqui, pela escolha e confiança na nossa instituição de ensino. Sejam todos muito bem-vindos. Mas este agradecimento é também uma lembrança de suas responsabilidades, e de que o trabalho a ser desenvolvido daqui para a frente é ainda difícil e exigirá seriedade e dedicação. Na verdade, a mesma seriedade e dedicação já demonstradas pela opção por um curso superior de música. A partir dessa opção primeira, muita coisa na vida de vocês deve mudar – espero que para melhor. Mas muito do grau e da qualidade dessa mudança dependerá de vocês mesmos, e para isso a dedicação à área escolhida terá que ser intensa.

Muitas vezes, a opção de um jovem pela carreira artística nasce de uma verdadeira e legítima vocação, mas só se concretiza tardiamente, após o exercício de atividade profissional em outra área. Em certos casos, a opção artística pode ser motivada pelo desejo de fama, sucesso, projeção social, já que algumas personalidades do ambiente musical possuem grande magnetismo nessa área. Para quem

---

[1] Aula magna proferida na Faculdade de Música Carlos Gomes em 18 de fevereiro de 1999.

alimenta o desejo de sucesso financeiro ou social por meio de uma vida de artista, é bom observar como as coisas são realmente. A situação presente no mundo da música, como de resto em toda a área de artes, assemelha-se muito ao que ocorre com outras duas atividades profissionais muito destacadas pela nossa cultura: a de jogador de futebol e a de publicitário. Em ambas, um punhado de destaques considerados bem-sucedidos, na verdade casos excepcionais, são apresentados como se fossem os casos normais da profissão. Mas para cada um desses exemplos milionários existem centenas de outros atuando nas condições típicas de todo trabalhador brasileiro, o que significa dizer: atuando com grandes dificuldades.

Obviamente, não tenho a intenção de destruir o sonho de ninguém em conseguir uma projeção de destaque na área, caso seja esse o seu desejo. Se outros conseguiram, ele certamente também poderá conseguir. O que pretendo é demonstrar a importância que existe na preparação para o exercício da profissão de músico no sentido menos fantasioso do termo, tanto no aspecto técnico específico da profissão quanto no aspecto de agente cultural. Pois é por intermédio da imensa maioria dos trabalhadores comuns, mas dignos, que uma verdadeira cultura musical se solidifica num país. O Brasil tem visto surgir, ao longo de sua história, algumas figuras ímpares, destaques incomuns, verdadeiros gênios universais, como o caso de Villa-Lobos, por exemplo, homenageado recentemente por uma escola de samba. Mas pouco tem sido feito para a valorização do que costumo chamar de músico-peão, o músico trabalhador, o operário da ópera, que são os verdadeiros responsáveis pela manutenção de uma cultura musical viva e integrada ao seu tempo.

Tais considerações nos levam a pensar sobre a função da arte na nossa sociedade e o que essa mesma sociedade espera de um músico profissional. E chegamos, enfim, a um assunto que nos toca diretamente: a função de um curso de bacharelado em música. Obviamente, todos os que aqui estão têm uma parte de suas vidas ligada a isso, pois a opção por um curso superior de música, quer como docente, quer como estudante, já demonstra uma tomada de posição.

Uma escola de música lida com uma matéria-prima muito comentada, mas pouco conhecida de fato: a arte. A meu ver, um dos principais dilemas que enfrentamos hoje diz respeito à redução da arte à única função de um lazer despreocupado. É a famosa história da Música "Pra Pular" Brasileira. Mas também na música de concerto ocorre coisa semelhante, ainda que mais sutil, com a eterna repetição das mesmas obras, com a expectativa das mesmas reações emocionais do público de sempre. Não estou negando uma capacidade que a música possui, e menos ainda a importância que o lazer despreocupado também possui. Desde os tempos do capitalismo mais primitivo sabe-se que o trabalhador aumenta em produtividade com o descanso e lazer adequado, sem contar as dissipações das tensões sociais. Tudo isso é realmente importante. Estou apenas chamando a atenção para o fato de que a música possui outras capacidades, capacidades essas que a nossa sociedade vem cada vez mais diminuindo, destruindo, ridicularizando até.

Como estamos num curso superior de música, é importante manter os olhos e ouvidos abertos para perceber que forças podem estar comandando essas idéias. Fala-se muito em leis de mercado, que ao mercado deve ser dado o poder de tudo decidir, inclusive no campo das artes. Mas se a intervenção e o dirigismo por parte do Estado têm seus problemas, o mercado absolutamente livre e descontrolado também não parece ser uma solução completa. Será que poderíamos acreditar realmente que aquilo que vende mais em música é melhor, sob qualquer critério que pudéssemos imaginar para esse melhor? Será que não percebemos, mesmo numa abordagem superficial, que existem realizações artísticas completamente marginalizadas do mercado e que, no entanto, sabemos serem importantes tanto para nós, individualmente, quanto para nós como nação?

Se essas observações parecem sensatas, é porque acreditamos que a música possui outras funções, talvez até mais relevantes, do que a de ser uma simples mercadoria de consumo. Na verdade, a música é uma expressão da cultura de uma sociedade. É uma manifestação do pensamento, e nesse sentido se apóia na lógica, embora tenhamos a tendência de classificar apenas a linguagem verbal como pertencente a essa categoria. Mas a música é também manifestação intuitiva, emocional e, por que não, transcendente da condição material humana. É essa combinação entre razão e sensibilidade, presentes na música de uma maneira muito particular, que faz dela essa força libertadora do indivíduo. Mas um indivíduo consciente e livre se opõe a uma sociedade de massa que se ergue sob o império do mercado.

Não precisamos ir muito longe para perceber o quanto a sociedade atual empobreceu as relações interpessoais, o quanto ela limita nossa capacidade como seres humanos. A arte pode ser um antídoto contra esse estado de coisas. Por isso é que sua transformação em mercadoria não crítica é tão angustiante e perigosa. E contra essa tendência os músicos devem reagir – aquilo que nos é apresentado não é necessariamente o melhor dos mundos possível.

Uma das reações mais eficazes que posso conceber é a preservação do conhecimento específico de nossa atividade – o estudo o mais completo possível do quadro das disciplinas que compõem o corpo de conhecimentos classificado como música. Se não agir dessa maneira, o guitarrista de sucesso, por exemplo, poderá vir a ser considerado tanto quanto uma marca de biscoitos. Para aqueles que pensam que o talento nato resolve todos os problemas, é bom observar o que ocorre com outras profissões de destaque na sociedade, e talvez possamos compreender por que o músico ocupa posição tão oblíqua. Seria admissível um médico trabalhar com base apenas no seu talento nato? E o engenheiro, o contador, o mecânico?

Na verdade, a possibilidade de ascensão profissional de artistas sem uma qualificação desejável é um fenômeno antigo. Acentuou-se neste século com a indústria cultural e os meios de comunicação de massa, que passaram a produzir em série e em grande quantidade, de uma maneira padronizada e simplificada, pois o consumo aumentou muito. A arte, no seu sentido mais clássico, possui uma natureza artesanal, exigindo uma gestação mais longa e produzindo obras mais duradouras. Estamos perante uma encruzilhada – industrial versus artesanal. Quanto mais mergulhamos na essência da arte, mas ela parece nos afastar do mundo industrializado, automatizado e impessoal.

Até certo ponto, essa luta é uma batalha perdida, pois a velocidade dos acontecimentos em nossas vidas é um fenômeno irreversível, e hoje poucas pessoas têm à sua disposição o tempo necessário para ler um romance de seiscentas páginas ou ouvir uma ópera de cinco horas. Claro que é possível fazer arte de qualidade também nesses novos contextos, e é isso que vem sendo tratado nas áreas de música e tecnologia, por exemplo, com desafios cada vez mais estimulantes.

Os países do centro do capitalismo são os mais ricos do planeta e aqueles que detêm o maior conhecimento sobre novas tecnologias. Não por acaso, são os que possuem os melhores equipamentos culturais, tanto em termos de performance quanto em termos de transmissão organizada desses conhecimentos, ou seja, sistema educacional. Do mesmo modo que não sabemos se aquele biscoito é fresquinho porque vende mais, ou se vende mais porque é fresquinho, também não sabemos se esses países são ricos porque investiram na cultura, ou se investem na cultura porque são ricos. O fato é que riqueza econômica e investimento profissional na cultura parecem andar juntos, do mesmo modo que pobreza econômica e desorganização no trato das questões culturais.

Já comentei que o Brasil tende a valorizar o gênio universal em detrimento do músico-peão. A mesma desconsideração dá-se com relação às nossas estruturas de ensino de música, que se um dia tiveram um mínimo de organização e influência social, hoje vivem um período bastante enfraquecido. A música, como corpo de conhecimentos, é uma ciência complexa, envolve áreas específicas e áreas provenientes de outras ciências, e não pode ser transmitida com eficácia em condições inadequadas. A ausência de organização e direcionamento de nosso sistema de ensino musical e também da preservação da memória artística faz com que se percam muitas informações, inclusive as contribuições trazidas pelos gênios universais que vez por outra nascem por aqui. Conclusão: a elevação do nível cultural geral de uma sociedade está diretamente ligada à capacidade que essa mesma sociedade possui de preservar e transmitir esses conhecimentos de maneira ordenada e acessível à sua população.

É evidente que um dos pressupostos para que isso ocorra é que a sociedade e seus dirigentes se preocupem com isso. Para se ter uma idéia do quanto nossa sociedade se preocupa com cultura em termos de ação organizada, basta lembrar que os jornais, TVs e todo tipo de mídia constantemente cobram dos políticos tomadas de posição em relação a corrupção, impostos, livre mercado, privatização etc., mas praticamente nada sobre ações culturais. Não existe em nosso admirável mundo de informações livres qualquer referência significativa a projetos de política cultural dos diversos partidos políticos. Para muitos governantes e até mesmo produtores de eventos, cultura é a exposição de obras de *Rodin*, somente, ou concerto de uma orquestra européia no Teatro Municipal, em conjunto com a apresentação popular no Parque do Ibirapuera na manhã de domingo.

Quando faço referência a partidos políticos e governantes, não quero dizer que toda ação cultural, para ter resultado, necessite de apoios políticos explícitos. Pelo contrário, penso que os melhores resultados são obtidos pelas iniciativas individuais dos cidadãos, ou de grupos de interesse específico. O que desejo ressaltar é antes o quadro de anemia crítica da imprensa e dos intelectuais em geral, que constantemente deixam passar oportunidades de uma argüição junto a personalidades, inclusive do mundo da música, e de cobrar delas determinadas posturas. Talvez só exista uma coisa pior que o despreparo e a desorganização: é acostumar-se com eles. É quando a ignorância vira profissão, e a ausência de condições técnicas mínimas ganha o nome de estilo, do mesmo modo que a falta de uma educação individual pode ser valorizada como um sinal de autenticidade.

Temos que considerar todos esses aspectos, quanto se trata de realizar um trabalho produtivo na área cultural. Mas se as dificuldades parecem intransponíveis, as recompensas também são enormes, às vezes até mesmo financeiras. Assim, as últimas palavras serão como as primeiras: cumprimentos pela corajosa escolha de uma carreira de músico universitário nos dias de hoje, mas um alerta para a necessidade de uma grande dedicação e compromisso com a opção realizada. É função de um curso superior de música preparar seus estudantes para enfrentar os paradoxos que constantemente se abrem entre as expectativas do artista emergente e as possibilidades oferecidas pela sociedade. Os estudos desenvolvidos serão determinantes para que se orientem pela melhor opção. Pois opção e escolha pressupõem a liberdade, e liberdade pressupõe conhecimento. Esse conhecimento será apresentado aqui na Faculdade de Música Carlos Gomes, durante os três anos do bacharelado. Mas cada um seguirá um caminho posterior, traçado de acordo com interesses e capacidades individuais.

CELSO MOJOLA é doutor em música pela UNI-Rio, mestre em artes pela Unicamp, bacharel em composição pela ECA-USP, licenciado em música pela ECA-USP. Estudou com Gilberto Mendes, Willy Correa de Oliveira e Almeida Prado. Freqüentou oficinas de composição com Stephen Hartke (EUA), Ton de Leeuw (Holanda) e Dimiter Christoff (Bulgária). Possui formação pianística, tendo se aperfeiçoado com José Eduardo Martins. Suas obras vêm sendo executadas no Brasil em importantes eventos ligados à música contemporânea, tais como a Bienal Nacional de Música Contemporânea (RJ), o Panorama da Música Brasileira Atual (RJ), o Festival Música Nova (Santos/SP), o Encontro Latino Americano de Música Contemporânea (MG) e o Encontro de Compositores do Mercosul (RS). No exterior, suas composições já foram apresentadas em mais de vinte países na América Latina, na Europa e na Ásia. Recebeu diversas premiações em concursos de composição: Concurso Nacional de Composição para Obras Corais (Museu Lasar Segall, 1983); I Concurso Nacional de Composição para Orquestra (Escola de Música da UFMG, 1989); II Concurso Internacional de Composição para Música de Câmara (Conservatório Superior de Música de Las Palmas de Gran Canária, Espanha, 1989); II Concurso Nacional de Composição para Obras Corais (Associação Madrigal Psychophármacon, SP, 1990); I Concurso Nacional de Composição para Orquestra (Sociedade de Intérpretes, Compositores e Musicólogos, RJ, 1992); I Concurso Nacional de Composição para Orquestra (15º Festival de Música de Londrina, PR, 1995); II Concurso Nacional de Composição "Camargo Guarnieri" (Orquestra Sinfônica da USP, 1998). É professor de cultura brasileira, orquestração e composição nos cursos de graduação da FMCG e de análise musical e composição nos cursos de pós-graduação, orientando os alunos em monografias e TCC de conclusão de curso nas duas áreas. É chefe de departamentos desta Escola e responsável pelo Projeto Cultural – Núcleo de Estudos de Composição (NEC), que tem como proposta a apresentação de composições elaboradas por alunos e professores ligados à comunidade acadêmica da FMCG; a realização de debates acerca de temas relacionados à criação musical; o fortalecimento, nos estudantes de composição, de um juízo crítico sobre os problemas que envolvem a criação e a veiculação da arte contemporânea na sociedade brasileira.

✿ REPRESENTAÇÃO E REFERENCIALIDADE NA LINGUAGEM MUSICAL

Fernando Iazzetta

A questão da inter-relação entre campos distintos da criação artística parece ganhar maior repercussão no século XX e tem estimulado uma série de esforços na busca de uma visão aberta e capaz de avaliar procedimentos e obras contemporâneas dentro do domínio das artes. Essa questão mostra sua pertinência não somente em relação ao momento atual, mas a épocas e contextos bastante distintos do nosso. Ao menos no que se refere ao campo musical, a aproximação com textos realizados em linguagens diferentes sempre esteve estreitamente ligada ao problema da representação e da referencialidade dentro do discurso musical, bem como à questão da autonomia da música enquanto forma artística.

De certa maneira, foi preciso que a idéia de uma arte autônoma emergisse na atividade musical para que se tornasse possível refletir sobre a convergência de diversas linguagens na construção de um discurso que, ao longo da história, tem sido associado ao termo "música".

Na verdade, a música sempre esteve ligada a outras linguagens de maneira direta, e mesmo durante os séculos XVIII e XIX, quando se fortalece a idéia de uma música absoluta, o debate sobre suas relações com outras áreas, especialmente a narrativa literária, é constante. Essas relações aparecem já naquilo que durante a Antigüidade era chamado musiké, a arte das musas, nove divindades que inspiravam as ciências e artes. Naquele quadro, a música nunca aparece isoladamente, mas sempre vinculada à poesia lírica, à dança ou aos hinos.

Na Grécia antiga, onde se encontra o embrião da música ocidental, a atividade musical era considerada essencialmente parte de um contexto intermídia: separações explícitas entre texto verbal e texto sonoro, ritmo musical e ritmo de dança, desenvolvimento

46 Sonia Albano de Lima

cênico e estruturas melódicas tornariam cada uma dessas categorias vazias de sentido. A música feita pelos gregos:

> [...] teve sobretudo a função de conotar o texto em relação ao "gênero"
> poético, à destinação e à ocasião da performance: Píndaro, quando ao
> começo da Olímpica II chama aos hinos de "senhores da cítara", quer
> significar a sujeição da música à poesia (Comotti, 1977, p. 13).

Mesmo quando se pensa nas bases teóricas das relações sonoras
estabelecidas por Pitágoras (c.560-c.470 a.c.) ou nas considerações
sobre a função da música na *República* de Platão (c.428-c.348
a.c.), a música, tomada aí isoladamente, é encarada dentro de um
contexto situado muito mais próximo daquilo que poderíamos
chamar de ciência e cosmologia do que na prática musical como a
entendemos hoje.

O pensador e estadista Boécio (c.480-c.524), compilador e tra-
dutor do pensamento musical da Antiguidade, compilou a conhecida divisão entre a *música mundana,* espécie de harmonia das
esferas celestes, inaudível aos homens; a *música humana,* referindo-se à harmonia interior do homem; e, finalmente, a *música ins-
trumentalis,* a música executada pelo homem, numa imitação im-
perfeita das outras duas categorias. Essa classificação de Boécio,
pensador cuja influência vai se estender por toda a Idade Média,
aponta para uma distinção entre o conceito de música enquanto
campo de conhecimento ligado à visão cosmológica da época e a
música prática, aquela entoada nos coros da igreja, cuja principal
finalidade era a de auxiliar na difusão da fé religiosa.

Somente quando começou a se afastar de suas funções místicas
e cosmológicas e a se expandir também para fora do estreito círculo eclesiástico é que a música ocidental experimentou certa autonomia e passou a ser pensada como atividade independente. Aos
poucos foi se estabelecendo uma visão que já não se encaixava nem
nas preocupações científicas e cosmológicas herdadas da Antiguidade, nem na atividade ideológica exercitada dentro da Igreja,
abrindo lugar para um novo campo de atuação: o das artes. A partir daí, são as preocupações estéticas que vão mover o discurso da

música e sobre ela e, por volta do século XVIII, essa linguagem encontra um lugar muito bem demarcado dentro do universo artístico: "O impulso que gradualmente libertou a música de sua posição científica no *quadrivium* não tornou a música simplesmente livre [...] mas novamente enlaçou-a, desta vez no emergente sistema das Artes" (Neubauer, 1986, p. 132).

Esse processo de estabelecimento da música dentro de uma nova dimensão estética, o qual pode ser situado entre os séculos XV e XVIII, não chega a evitar, entretanto, que a música ocupe, durante todo aquele período, posição inferior em relação a outras artes, especialmente pela dificuldade de se conceber algum tipo de significação dentro de seu discurso sonoro.

Já no período da Renascença, quando as peças puramente instrumentais começavam a merecer certo destaque e a intricada polifonia mascarava o significado das palavras cantadas, havia um esforço freqüente dos compositores no sentido de criar certas relações miméticas entre a temática (no sentido literário) da obra e sua construção sonora. Tornou-se comum, especialmente na música profana, o uso de onomatopéias e de figuras melódicas que tentaram simular, pelo seu movimento, impressões contidas no texto cantado. Além disso, a imitação melódica entre as vozes é um recurso obrigatório na escrita polifônica da época. O estilo imitativo tinha, de certo modo, a função de estabelecer no plano formal uma unidade e coerência entre as diversas vozes que, apesar disso, mantinham certa independência de movimento e de texto[1].

A utilização de recursos imitativos contaminou toda a escrita polifônica, vocal ou instrumental, e alcançou seu ponto culminante nas fugas barrocas. Inaugurou-se nessa época nova fase dentro da história da música no Ocidente, em que a escrita linear da polifonia passou a coexistir com a verticalidade harmônica, abrindo espaço para a diluição do modalismo e o futuro desenvolvimento do sistema tonal.

O longo período barroco que se estende do início do século XVII até meados do século XVIII anuncia os caminhos que segui-

---

1 É freqüente em peças do final da Idade Média a superposição de texto diferentes, por vezes escritos em línguas diferentes.

48 Sonia Albano de Lima

rá a música tonal no período seguinte. Além da polarização dos modos maior/menor e da estruturação das bases do sistema tonal, o estabelecimento de formas definidas vai trazer para a música barroca uma espécie de sentido formal que até a Renascença era algo bastante tênue[2]. Esse sentido foi reforçado pela "doutrina dos afetos" (*Affektenlehre*), que iria expandir o processo de estabelecimento de uma significação musical ao ligar cada peça ou trecho musical a uma emoção particular.

No classicismo, momento em que as formas puramente instrumentais já estão bem estabelecidas, a música instrumental, quando não faz referência a algo objetivo, está freqüentemente sujeita a críticas em relação a seu poder de significação. Uma obra que não imitasse um gesto exterior ou não apontasse para um elemento narrativo extramusical assumia papel menos significativo, ligado mais ao prazer da escuta do que ao da expressão de idéias.

Tal visão, que nos chega pelos textos de pensadores, escritores, críticos e mesmo compositores, conflita, entretanto, com a grande aceitação da música instrumental por parte do público, especialmente a partir do final do século XVIII, quando os concertos públicos tornam-se cada vez mais populares. De fato, a música apresentada já não possuía a intricada racionalidade das formas de fuga barrocas, nem da polifonia renascentista, dirigindo-se a um público de novos hábitos e gosto bastante diferente. As formas instrumentais consolidam seu espaço, e pela primeira vez no Ocidente a música profana adquire importância maior que a litúrgica. O brilho do estilo *galant* e a sofisticação da ópera italiana assumem o papel da fé e sobriedade da música religiosa, promovendo uma nova maneira de fazer música que, aos poucos, vai cativando os compositores do período.

A época das conquistas científicas, do racionalismo iluminista, das novas idéias representadas pela revolução francesa vê nascer

---

2 Obviamente, a música renascentista já comporta procedimentos formais bem delimitados. Um exemplo pode ser notado na música litúrgica, em que cada parte da missa era criada segundo certos procedimentos composicionais mais ou menos comuns a vários períodos e compositores. Porém, a grande preocupação das composições renascentistas estava centrada em questões micro-estruturais, como a oposição de consonâncias perfeitas e imperfeitas, o tratamento das dissonâncias e a criação de pontos cadenciais.

um novo pensamento musical. Junto com a *Encyclopédie* surge uma série de obras que refletiam as preocupações dos intelectuais em relação ao papel da música, em que questões de estética, crítica e historiografia misturavam-se, enquanto a difusão dessas idéias por diversos países dava lugar a uma espécie de internacionalismo. No final do século XVIII, a música, como as outras artes, difunde-se pela Europa, universalizando certos princípios.

> Os estilos nacionais do barroco tardio dissolveram-se, com o *style galant*, numa linguagem cada vez mais assentada em práticas comuns, embora capaz de acomodar traços nacionais [...] O internacionalismo era intencionalmente cultivado; os músicos que raramente terão viajado como neste período, podiam exercer sua arte em lugares remotos sem grande alteração no estilo (Rushton, 1980, p. 20).

O estabelecimento dessa espécie de linguagem comum da música é que vai, em boa medida, permitir um afastamento do texto verbal e um conseqüente declínio na produção vocal, além de um incremento na produção de obras destinadas a grupos instrumentais. Porém, é preciso notar que, para se afastar do texto e da referência direta aos acontecimentos à sua volta, a música foi obrigada a criar, ou, antes, fortalecer um novo tipo de referencialidade, desta vez ligada internamente a seu próprio discurso. Uma gramática muito bem estabelecida, com suas regras tonais, padrões rítmicos característicos e formas bem delimitadas, continuaria a garantir a compreensão do discurso musical, ainda que aparentemente este se mostrasse separado das conexões com o universo verbal.

Dizemos aparentemente porque, não sendo mais as palavras que sustentavam a música, era ainda uma lógica muito próxima da narrativa verbal que embasava seu discurso. As estruturas herdadas da música vocal, do moteto à ópera, transpõem-se para a música instrumental, enquanto a gradual sobreposição da homofonia[3] sobre as formas polifônicas e o conseqüente estabelecimento da linguagem tonal vão levar para o campo sonoro os conflitos que

---

3 Homofonia refere-se à música construída sobre uma única melodia, em contraste com a polifonia, que alcançou seu auge no Renascimento e é composta por várias linhas melódicas sobrepostas.

outrora eram criados dentro do texto escrito. O drama verbal transformava-se em drama harmônico, tendo os acordes e as tensões cadenciais nos lugares das personagens e da trama. A própria forma sonata que se consolidou por essa época estava baseada no movimento dramático (operístico) recolocado em um contexto tonal, gerando um verdadeiro drama tonal com o conflito de temas, desenvolvimento de idéias e estabelecimento de conclusões tonais na coda.

As mudanças de relações entre música e linguagem verbal estão ligadas à discussão sobre o consenso geral e o conhecimento individual colocado por R. R. Subotnik (1978) em seu artigo *The Cultural Message of Musical Semiology*. Segundo a autora, o mundo europeu esteve sempre associado a uma idéia geral externa (Deus, a razão, ou um modelo clássico, como no caso das artes), independente de qualquer posição individual. Nesses termos, a linguagem verbal constituiria o melhor meio de prover ao indivíduo acesso ao que poderia ser verificado geralmente como verdade objetiva.

No período clássico, os procedimentos musicais, muito bem estabelecidos, podiam ser tomados como princípios gerais reconhecidos por todo o grupo social. Apesar disso, há um grande salto, na medida em que as normas musicais vão sendo criadas dentro do próprio discurso da música, afastando-se progressivamente de qualquer referência extramusical direta. Em seu artigo, Subotnik deixa entrever que o classicismo surgiu como um dos períodos em que a necessidade de um entendimento geral e a ação individual do compositor haviam sido equacionados da maneira mais satisfatória.

Note-se que, apesar de sua linguagem muito bem estabelecida e conhecida pelo público em geral, a música (instrumental) do século XVIII não pode ser entendida como uma linguagem capaz de qualquer tipo de representação. É na direção do domínio emotivo, lúdico ou do prazer estético que se voltará, invariavelmente, a composição da época. Apenas a música vocal e a ópera poderiam, pelos seus textos, representar algo objetivamente compreensível. E nesse caso, como acreditava Gluck, a música deveria subordinar-se à poesia.

No século XIX, há uma radical inversão na posição ocupada pela música frente às outras artes. Com a tomada de consciência de que a linguagem (verbal) era também incapaz de apontar qualquer "verdade objetiva" de maneira absoluta, a atenção voltou-se para a subjetividade a que se permitia a música, especialmente a instrumental. Da posição mais inferior que ocupava no campo estético, a música passou a ser modelo de linguagem para todas as outras artes. Só então realmente houve uma separação entre música e outros tipos de texto, surgindo espaço para a elaboração do conceito de música absoluta, que já não necessitava manter um vínculo com o texto verbal ou referências visuais para gerar alguma significação. Também a música puramente instrumental tornou-se o veículo mais apropriado dessa linguagem que, a partir de então, teria como meta a busca da subjetividade, por meio da expressão do indivíduo.

Nascia então a concepção, ainda hoje reinante, de música de concerto como um gênero eminentemente instrumental. Já no século XVIII os gêneros vocais foram cedendo um espaço cada vez maior para as formas instrumentais, mesmo que estas estivessem condicionadas a uma posição esteticamente inferior. Ainda durante aquele período, a música vocal detém uma supremacia:

> [...] a música em si, pela sua inabilidade na representação do mundo exterior, era geralmente considerada a mais baixa das artes. Somente no século XIX, quando o classicismo de Haydn e Mozart – ou seja, o período que produziu o primeiro grande paradigma de uma música totalmente autônoma – era já algo do passado, os intérpretes culturais começam a exaltar a música absoluta como a mais alta expressão estética, ou mesmo humana (Subotnik, 1978, p. 747).

Essa nova concepção que foi se forjando em torno da música, alterando seu *status* dentro do panorama cultural da época, tinha a figura de Beethoven como elemento chave. Beethoven exerceu, sem dúvida, papel crucial na transformação dos paradigmas reinantes no início do século XIX. Em sua obra, toda a bem elaborada gramática construída durante o classicismo parece ceder à manipulação do compositor que, sem destruir os princípios básicos,

52   *Sonia Albano de Lima*

subverte essa gramática a seu modo próprio de compor. A música de Beethoven é o ponto de partida para seus sucessores românticos no sentido de sobrepor a individualidade aos princípios mais gerais da composição.

Talvez seja essa a primeira vez, dentro da história musical em que se experimentou uma real autonomia em relação a outras linguagens, ao mesmo tempo que se estabeleceram novos padrões para a compreensão de seu próprio discurso. O romantismo representou a confluência de diversos pontos de vista para um centro comum que era a gramática tonal. Nesse caso, enquanto alguns compositores tenderam essencialmente para o estabelecimento de um discurso independente de referências externas, como Brahms, outros verteram pelo caminho da música ligada a idéias concebidas objetivamente, como Berlioz, Liszt e Wagner.

É Liszt que vai introduzir o termo "música programática" para se referir às obras inspiradas em idéias não musicais. Tal prática, que podia ser observada já nas canções italianas do século XIV ou nas obras descritivas de Jannequin no século XVI (como em *Le chant des oiseaux*), evoluiu significativamente a partir da sinfonia *Pastoral*, de Beethoven. Mais uma vez, a música iria se apoiar no texto verbal para estabelecer seu discurso, o que era salientado pelo prestígio que a literatura experimentou durante o período romântico.

O poema sinfônico e a sinfonia programática serão, por excelência, os gêneros da música de programa. Uma espécie de pintura sonora é criada na obra de diversos compositores, como Berlioz, em sua autobiográfica *Sinfonia Fantástica*, ou Richard Strauss, em seus poemas sinfônicos. E o nacionalismo do século XIX encontrou na música de programa um meio eficaz de descrição e comentário de aspectos regionais, como ocorre em *Ma vlast*, de Smetana, e *En Saga*, de Sibelius. Pouco mais tarde, o mesmo princípio de utilização de idéias extramusicais será encontrado em obras como *La Mer* e *Prélude à l'après-midi d'un faune*, de Debussy, no estudo sinfônico *Falstaff*, de Elgar, ou no *Pacific 231*, de Honegger.

A obra de Richard Wagner, por sua vez, toca diretamente a problemática da relação entre a música e outras linguagens. Wagner concebeu seu trabalho baseado num princípio de unidade dramático-musical, o *Gesamtkunstwerk*, em que os elementos – sonoros, dramáticos, literários, cênicos – estariam unidos na formação de um espetáculo total, tudo isso criado e controlado por um único indivíduo. O princípio desse novo pensamento deveria se estender a todos os níveis da composição, do relacionamento das estruturas cênicas e sonoras aos comentários musicais do material dramático/literário. Suas origens podem ser estabelecidas a partir dos processos de aliteração na poesia alemã (*Stabreim*), os quais Wagner conhecia muito bem e utilizou abundantemente nos textos de suas obras e também na unidade temático-estrututal. Esta se concretizava em uma espécie de comentário sonoro de modo semelhante ao criado pela *idée fixe* de Berlioz ou pelas transformações temáticas de Liszt e que Wagner sistematiza nos *Leitmotives*, temas musicais recorrentes, ligados a uma cena, personagem ou atmosfera dramática que, trabalhados pela orquestra, comentam o desenrolar do melodrama. Ao mesmo tempo que garante, com esses procedimentos, certa coerência e linearidade narrativa, Wagner vai também minando os alicerces da gramática tonal, criando longos períodos de tensão e instabilidade harmônica:

> As modulações incessantes, as constantes variações da tonalidade eram a tentativa suprema dos músicos para seguir os ideais estéticos do dramaturgo para fornecer um quadro de paixões incansáveis, intensas e insaciáveis que alimentam o drama. O tratamento do *leitmotiv* deveria dar à obra uma unidade que mais do que compensaria a perda da lógica pura e abstrata da música (Lang, 1941, p. 886).

A música de Wagner e, numa certa medida, toda a música do romantismo, vai estar voltada para a exploração da individualidade de cada obra. Os padrões composicionais que garantiram uma certa universalidade musical durante o classicismo encontram-se diluídos no contexto particular de cada compositor. E, ao se individualizar, a música é novamente obrigada a enfrentar a questão da sua significação. Assumir a necessidade de um programa como forma de "explicação" musical seria negar as qualidades intrínsecas de sua linguagem, tão almejadas justamente pelos escritores da época. A subjetividade e a não-referencialidade características da música seriam consideradas os meios ideais para a expressão do indivíduo, o que por si só garantiria a posição elevada dessa arte, ainda (ou especialmente) quando se trata da música puramente instrumental. Como aponta o escritor e compositor do período romântico E. T. A. Hoffmann:

> Quando se fala de Música como de uma arte autônoma, deveria ter-se sempre em mente apenas a música instrumental, a qual, desprezando todo o auxílio, toda a mistura de qualquer outra arte, exprime puramente a genuína essência da Arte, que só nela pode ser encontrada. Ela é a mais romântica das artes, quase diríamos, a única *puramente* romântica (Hoffmann, 1987, p. 93).

É possível sintetizar a discussão no século XIX sobre aquilo que a música deveria representar ou significar em dois pólos opostos. No primeiro encontravam-se aqueles que se utilizaram de referências externas, em especial as literárias, na intenção de atar verdadeiramente um conteúdo à música, como o fizeram Wagner e Liszt. Do outro lado, estavam os que acreditavam que, se esse conteúdo existe, deveria emanar da própria estrutura sonora da linguagem musical. Essa posição, de certo modo representada pela música de Brahms, encontrou no crítico Eduard Hanslick seu mais incisivo e competente defensor. Seu livro *Do Belo Musical*, publicado em 1854, tratava de negar radicalmente a existência de conteúdos conceituais na música e a necessidade de seu atrelamento à poesia: "A união com a poesia amplia os poderes da música, mas não os seus limites" (Hanslick, 1989, p. 44). O formalismo de Hanslick levaria à idéia de que o sentido da música estaria contido inteiramente no material musical, posição que o crítico sintetizou da seguinte maneira: "O conteúdo da música são as formas sonoras em movimento" (Hanslick, 1989, p. 62).

A passagem do século XIX para o século XX vem acompanhada de uma série de transformações sociais e culturais cujas conseqüências se fazem perceber especialmente nas duas primeiras décadas do século XX. Dentro do panorama musical, os bem estabelecidos princípios do romantismo vão cada vez mais sentindo o questionamento de obras inovadoras como as de Debussy, Bartók, Schoenberg e Stravinsky. Aquele período, freqüentemente classificado como modernidade musical, foi um dos mais fecundos, não apenas no que diz respeito à produção de obras musicais, mas também na relação de questionamentos e inovações propostas frente a um pensamento musical de tradição bastante forte.

Dentro das irreconciliáveis propostas apresentadas por toda uma geração de compositores que agitaram o cenário musical das duas primeiras décadas do século passado, o que nos chega hoje não é a sensação de estranheza sentida pelos ouvintes da época, mas a visão de uma espécie de unidade gerada pelo esforço desses compositores na busca de novas saídas para o sistema musical dominado pelo tonalismo. A nova concepção harmônica trazida pela música de Debussy, as experiências rítmico-estruturais de Bartók e Stravinsky e o atonalismo de Schoenberg vão acabar minando as bases do sistema tonal.

O período da modernidade[4] configurou-se por meio de uma situação paradoxal gerada pelo esforço de vincular a música a idéias estéticas particulares que deviam, ao mesmo tempo, refletir uma visão universal de um mundo moderno. A diversidade e riqueza musicais contrapunham-se à busca incessante de um novo modelo geral que pudesse suplantar o tonalismo. Como diz J. J. de Moraes em seu ensaio sobre esse período:

A modernidade é, simultaneamente, o tempo da subjetividade extremada que chegou a imprimir à música uma mensagem "metafísica" (Mahler, Scriabin, Ives) e o tempo das tentativas coletivistas de impregnar a música de um "conteúdo" político (Prokofiev, Shostakovich, Weill e Eisler). É igualmente a época em que se tentaram criar estilos (o neoclassicismo) e sistemas composicionais (o dodecafonismo) gerais a ponto de poderem, utopicamente, ser utilizados por todos os compositores do planeta. Sob outro aspecto, esse também é o instante

---

4 Chamamos aqui de *modernidade musical* o período situado entre o final do século XIX e as três primeiras décadas do século XX.

em que se partiu agressivamente para a dessacralização da arte, ora através do emprego de materiais considerados não-musicais como elementos fundantes do discurso (o futurismo italiano, o pragmatismo norte-americano), ora através da utilização da ironia, da paródia e do pastiche como forma de crítica direta à música considerada "oficial" (o dadaísmo) (Moraes, 1983, p. 13).

A música, que com Beethoven assumiu muitas vezes o papel de crítica de si mesma, tornava-se, então, instrumento de questionamento do mundo à sua volta. Não se tratava mais de questionar o papel dessa linguagem dentro da cultura e seu alcance como forma de expressão, como faziam os românticos, mas de direta e objetivamente interferir no universo cultural. Por trás da elaboração de um novo sistema, como o serialismo, ou da utilização de novos materiais sonoros, como as escalas microtonais ou os ruídos dos instrumentos de percussão, não se observa apenas uma tendência ao rompimento com idéias passadas, mas uma tentativa de estabelecer novas leituras do mundo[5]. Parece que, de certa forma, a polêmica entre música programática e música pura se diluiu e a atenção se voltou para a inserção da música dentro de um contexto social objetivo, independentemente de sua associação ou não com outras linguagens ou referencialidades.

Porém, a recorrência constante a elementos e referências extramusicais dentro do discurso sonoro era um procedimento comum à maioria das composições daquele período. Essas referências já não se limitavam aos textos e imagens da música programática do século XIX, mas se expandiam para formas mais sutis – como modelos derivados de outras artes ou das ciências – e mais complexas

---

5 Talvez não seja aqui o espaço apropriado para investigar essas novas leituras. Apenas como exemplo, pode-se citar as relações entre o estabelecimento de um pensamento serial em contraposição a um pensamento estrutural, que se desenvolvem durante o século XX, relações essas levantadas por Levi-Strauss e comentadas por Umberto Eco em Pensamento Estrutural e Pensamento Serial (em *A Estrutura Ausente*). A questão do microtonalismo de compositores como o tcheco Alois Hába e o mexicano Juan Carrilo, juntamente com a utilização de instrumentos que produziam sons de altura não definida (ruídos), como o fizeram os futuristas italianos ou o francês Edgard Varèse, também apontam para questões bastante salientes na época, como a desconstrução do espaço tradicional sonoro (ao eliminar os passos de cada tom da escala diatônica dentro do *continuum* sonoro) ou social (ao incluir os sons cotidianos como elementos geradores do discurso musical, criando referências objetivas com o mundo à sua volta).

– como as obras para multimeios que vão se tornar possíveis a partir do uso de tecnologias eletroeletrônicas.

Relações entre música, pintura, cinema, dança, espacialidade ou lógicas e padrões matemáticos estão intimamente ligadas à produção artística do século XX. Diferente do que ocorreu no período clássico, quando houve o estabelecimento de estruturas gerais de composição, e no período romântico, que possibilitou a difusão da individualidade musical dentro de uma gramática universal, o século XX parece levar ao limite o processo de particularização da linguagem artística.

Se por um lado surgem novas tentativas de elaboração, ou retomada de modelos mais ou menos gerais, como os casos do serialismo e do neoclassicismo, por outro se pode notar uma tendência de concentrar no trabalho de cada compositor, ou mesmo em cada obra particular, todo um contexto particular de referencialidade. Enquanto os românticos buscavam uma expressão do subjetivismo individual por meio de uma linguagem universal (o tonalismo), no século XX a composição vai se voltar para a busca de idéias gerais por meio de linguagens particulares. Mais uma vez, a questão do particular e do geral, colocada pelo artigo de Rose Subotnik, mostra-se presente, apontando agora para uma dualidade entre unidade e multiplicidade. Como ressalta Francis Bayer:

Tonal, politonal, atonal, metatonal, serial, aleatória, concreta, eletrônica, estocástica, algorítmica, conceitual, experimental, repetitiva, todos esses qualificativos que juntamos ao termo música aparentemente designam menos as características cujo conjunto constituiria a compreensão de um conceito que as direções de pesquisas diversas que os músicos e os compositores exploram hoje de modo mais ou menos sistemático (Bayer, 1981, p. 7).

A colocação acima serve de introdução a uma questão levantada logo a seguir por Bayer: "A música é única ou múltipla? Ainda podemos falar da música ou seria mais conveniente falar das músicas?" (Bayer, 1981, p. 7). Talvez seja nessa multiplicidade que se instaura certa resistência do público em geral em relação à música contemporânea. Mais do que nunca, a música feita no século passado (especialmente a partir do período pós-guerra) demanda um esforço de interação do público com a obra, sem a qual se torna remota qualquer possibilidade de compreensão satisfatória do discurso. Ao mesmo tempo que a obra torna-se mais aberta, no sentido de comportar múltiplas leituras, seu acesso se restringe a um público mais delimitado.

A fase que se desenrola entre as décadas de 40 e 60 representa um período de larga experimentação. Após a crise gerada pelo abandono da supremacia tonal por grande parte dos compositores, foi a pesquisa e a procura de novos procedimentos que guiou a atividade musical, a qual vivenciou uma profunda expansão em seu universo de referências em dois sentidos opostos. O primeiro, interno ao discurso, elevou a materialidade dos sons ao *status* de elemento significante dentro da música, detonando um novo espaço de relações sígnicas, antes privilégio do binômio melodia/harmonia. O segundo diz respeito a uma expansão das possibilidades de interferência entre a música e outras linguagens, acelerada pela crescente incorporação de novas tecnologias ao fazer musical, cada vez mais próximo de conexões imagéticas, espaciais, arquiteturais e, como já de tradição, verbais.

Aqui é importante ressaltar a importante ligação entre a música e o desenvolvimento de novas tecnologias. É certo que o aspecto tecnológico sempre esteve estreitamente ligado ao desenvolvimento da linguagem musical. Pense-se, por exemplo, nas novas possibilidades trazidas com a invenção do piano no início do século XVIII e no aprimoramento dos mecanismos de válvula dos instrumentos de sopro no século XIX. A partir de meados do século XX, porém, a mediação tecnológica tornou-se extremamente acentuada. E isso não se deu apenas em relação à música, mas também em relação à maior parte dos processos culturais que vivenciamos.

Desde as primeiras experiências da *musique concrete* realizadas por Pierre Schaeffer em Paris no final da década de 40 e dos trabalhos eletrônicos de Karlheinz Stockhausen em Colônia nos anos de 1950, o uso de recursos eletrônicos difundiu-se rapidamente na produção musical. Ainda nos anos 50 o computador foi introduzido como ferramenta composicional e poucos anos mais tarde as pesquisas de Max V. Mathews proporcionam os primeiros programas de síntese sonora digital. Ao mesmo tempo que se desenvolviam processos de síntese cada vez mais complexos e sofisticados, o computador tornava-se também uma poderosa ferramenta de análise, permitindo melhor compreensão do fenômeno sonoro e musical.

Porém, talvez não seja na atuação direta (composição/execução) em obras musicais que o surgimento de novas tecnologias tenha trazido as mudanças mais profundas na linguagem musical. Mais que ferramentas composicionais ou de produção sonora, a tecnologia tem transformado, nas últimas décadas, o próprio papel da música, modificando os modos de registro e de transmissão musical. A partir do registro, seja qual for seu formato, pode-se manipular o dado sonoro de modo concreto e objetivo, enquanto, em períodos anteriores ao surgimento dessas tecnologias, a música era um evento que se dava num momento único, fora do qual poderia ser apenas considerada em sua virtualidade na memória do ouvinte ou do compositor. O surgimento das formas de notação musical no fim da Idade Média representou uma grande revolução musical, ao proporcionar uma espécie de fixação espacial dos sons. Já no século XX "o processo de eletrificação dá margem a uma transformação comparável àquela que fora deflagrada pela forma escrita de fixação e levará a uma nova forma da produção musical e composição em função dos novos recursos notacionais" (Mayer, 1990, p. 9).

A notação tradicional trabalha basicamente com a representação relacional de certos parâmetros musicais: relações intervalares e de valores de duração temporal. A facilidade trazida pela escrita para se trabalhar com esses tipos de eventos foi certamente um dos agentes responsáveis pelo alto grau de sofisticação atingido pela música ocidental a partir do Renascimento. A consolidação de sua gramática está diretamente ligada às possibilidades de relacionamento entre os elementos sonoros que, uma vez fixados no papel, permitem uma manipulação mais livre. Por sua vez, os novos meios eletrônicos e digitais levam a um estágio posterior: pelo fato de não trabalharem com relações, mas com a fixação absoluta e objetiva do som, propiciam um controle mais eficiente e objetivo do evento sonoro, desviando a atenção da gramática e da forma para o próprio material musical.

Especialmente com a fixação digital da música, abriu-se um novo campo de trabalho e investigação. Na memória de um computador ou em outro suporte digital qualquer, o som é codificado em formas simbólicas – os bits –, que representam sua estrutura física, e esses dados podem ser trabalhados e modificados como qualquer outro dado simbólico. Pode-se representar e relacionar o som com cores, formas, letras, gráficos ou equações. E se é usado algum tipo de representação numérica, a matemática torna-se uma grande ferramenta de auxílio à composição, de geração (síntese) sonora, ou de transformação e processamento do dado musical.

Além disso, os recentes avanços da tecnologia têm propiciado a interação imediata dos sons com outros meios, particularmente imagens. A comunicação realizada entre computadores que se encontram fisicamente distantes vem acelerar a produção e troca de dados entre pessoas que podem estar trabalhando com objetos diferentes e em locais diferentes. A padronização de certos processos de interação digital, como o protocolo Midi[6] de 1983 para instrumentos musicais, o desenvolvimento de diversos tipos de protocolos que permitem a sincronização de diversas máquinas de áudio e vídeo e a recente explosão da Internet tornaram possível a emergência de novos modelos de produção e difusão musical, alterando nossos modos de relação com a produção musical, bem como a percepção que temos dessa produção.

As tecnologias digitais são apenas mais um elemento na direção de um alargamento da produção sígnica atual. Nas últimas duas ou três décadas, tem ocorrido um processo expansivo das formas de

---

6 O sistema conhecido como Midi (Musical Interface Digital Instruments) é resultado de um acordo realizado em 1983 entre várias empresas fabricantes de instrumentos eletrônico-digitais. Ele consiste de uma série de normas referentes à conexão e controle de instrumentos digitais. As interfaces Midi permitem também a transmissão de dados musicais entre diferentes instrumentos e computadores. Além de sua universalidade, uma das grandes vantagens desse sistema é uma economia tanto em memória como na computação de dados, já que as interfaces Midi não lidam diretamente com aspectos físicos do som. Estes devem estar previamente armazenados no instrumento, enquanto o sistema Midi trabalha com informações mais simples, como a duração de cada nota e timbre.

criação artísticas, em que o surgimento de novos meios – o vídeo, os ambientes multimídia e a realidade virtual, por exemplo – acompanham o desenvolvimento de novas maneiras de produzir e difundir a arte. Essa profusão já não pode mais ser entendida tendo como base a idéia de cultura de massa proposta por McLuhan, em que a produção de signos era planejada de modo a atingir o maior número de receptores. Hoje, os processos comunicacionais estruturados em rede e o ciberespaço instaurado pela Internet proporcionam modos de comunicação que transcendem as possibilidades oferecidas pelas mídias mais genéricas da cultura de massas. Então, o que se vê hoje é o surgimento de modos de produção mais ágeis e diversificados, destinados a atender não a vastas audiências, mas a grupos específicos de consumidores/receptores. O que se busca não é mais encurtar distâncias e transformar o mundo em uma imensa aldeia global, mas transcender as questões de espaço e de tempo e criar uma cultura voltada para o aqui e o agora.

A velocidade desse processo tem acarretado mudanças importantes no âmbito da linguagem musical, que é forçada a uma utilização do tempo de maneira cada vez mais econômica. Cada signo musical tem que ser gerado com maior rapidez e sua permanência tende a se reduzir ao tempo necessário para seu consumo: uma vez observada, uma obra de arte, uma peça musical ou outro signo cultural qualquer é rapidamente substituído por outro. A fruição da obra musical, desta maneira, exige um aguçamento perceptivo, uma intencionalidade e mesmo um esforço por parte do ouvinte.

Referir-se à música hoje implica imediatamente na definição de qual é a música referida. Nunca o uso do termo *músicas*, no plural, fez tanto sentido quanto atualmente. E se a música é múltipla, múltiplas também são as representações que ela carrega. Neste momento, tentar negar o poder de significação da arte musical é sucumbir ao risco de jamais compreendê-la em sua totalidade.

62   Sonia Albano de Lima

REFERÊNCIAS BIBLIOGRÁFICAS

BAYER, Francis. *De Schönberg a Cage: essai sur la notion d'espace sonore dans la musique contemporaine*. Paris: Éditions Klincksieck, 1981.

COMOTTI, Giovanni. La musica em la cultura griega y romana. In: *Historia de la musica*. Trad. para o espanhol de Rubén Fernández Piccardo. Madri: Ediciones Turner, 1977. v. 1.

ECO, Umberto. Pensamento estrutural e pensamento serial. In: *A estrutura ausente*. Trad. de Pérola de Carvalho. São Paulo: Perspectiva, 1976. p. 302-21.

HANSLICK, Eduard. *Do belo musical*. Trad. de Nicolino Simone Neto. Campinas, SP: Editora da Unicamp, 1898. (1ª edição do original em 1854).

HOFFMANN, E. T. A. Recensão da Quinta Sinfonia de Beethoven. In: *Música e literatura no romantismo alemão*. Trad. de Rita Iriarte. Lisboa: Materiais Críticos, 1987. p. 93-7. (Texto original de 1810).

LÁNG, Paul Henry. *Music in Western civilization*. New York: W. W. Norton & Company, 1941.

MAYER, Günter. Revolução na música – As vanguardas de 1200 a 2000: relação entre vanguarda política e musical. Trad. de Marcos Branda Lacerda. *Revista Música*, v. 1, n. 1, maio de 1990, ECA-USP, p. 9-17.

MORAES, J. J. de. *Música da modernidade*. São Paulo: Brasiliense, 1983.

NEUBAUER, John. *The emancipation of music from language*. Yale: Yale University Press, 1986.

RUSHTON, Julian. *A música clássica*. Trad. de Clóvis Marques. Rio de Janeiro: Jorge Zahar, 1988. (1ª edição inglesa: 1988).

SUBOTNIK, Rose Rosengard. *The cultural message of musical semiology: some thoughts on music, language, and critcism since the enlightenment*. In: Critical Inquiry, 4, n. 4, Summer 1978, p.741-68.

FERNANDO IAZZETTA estudou percussão no Instituto de Artes da Universidade Estadual Paulista e tem os títulos de mestre e doutor em Comunicação e Semiótica pela Pontifícia Universidade Católica de São Paulo. Desde 2002 é professor responsável pela área de Música e Tecnologia do Departamento de Música da Universidade de São Paulo, onde coordena o Laboratório de Acústica Musical e Informática (Lami) e o Programa de Pós-Graduação em Musicologia. Tem desenvolvido ampla atividade artística como compositor e músico eletroacústico. Suas composições para diferentes formações camerísticas e meios eletrônicos foram apresentadas em diversos teatros e festivais de música no Brasil (Festivais Música Nova, Bienais de Música Brasileira Contemporânea, Encontro de Compositores Latino-Americanos, Encontro Internacional de Música Eletroacústica, File – Festival Internacional de Arte Eletrônica, Mostra Sesc de Artes, Dança Brasil, Mostra de Artes do Fórum Cultural Mundial, entre outros) e no exterior (Festival International de Musiques et Créations Electroacoustiques, Bruges; Festival Acousmatique International, Bruxelas; Festival des zeitgenössischen brasilianischen Tanzes, entre outros), além de gravadas em CD. Nos últimos anos, tem desenvolvido tecnologias e programas para performance em tempo real e realizado trilhas para espetáculos multimídia e vídeos. Desde 1996, trabalha com a coreógrafa Ivani Santana na produção de espetáculos que unem dança, imagem e música mediadas por dispositivos tecnológicos. Como pesquisador, tem se dedicado particularmente ao estudo e à utilização de novas tecnologias musicais. É coordenador de um projeto de pesquisa na área de Acústica de Salas (projeto AcMus) envolvendo os departamentos de Música, Arquitetura e Computação da Universidade de São Paulo. Entre 1994 e 1995, fez estágio como pesquisador associado no Center for New Music and Audio Technologies (CNMAT) da Universidade da Califórnia, em Berkeley, desenvolvendo pesquisa sobre sistemas musicais interativos. Em 2003, realizou estágio como pesquisador visitante no Electronic Music Studio da McGill University em Montreal, Canadá. É autor do livro *Música: Processo e Dinâmica* (1993) e de aproximadamente 40 textos publicados em anais de congressos científicos, revistas ou livros especializados, vários deles no exterior. Suas áreas de interesse são: música e tecnologia, gesto, interação, acústica musical e desenvolvimento de programas e composições no ambiente de programação MAX/MSP.

❀ UMA RELAÇÃO DEMOCRÁTICA ENTRE PESQUISADORES E ACERVOS DE MANUSCRITOS MUSICAIS NO BRASIL: NECESSIDADE OU UTOPIA?

Paulo Castagna

Até meados da década de 80 não existia, no Brasil, uma diferenciação no tratamento dos acervos musicais e não musicais, tendo sido ambos tratados com metodologia muito próxima, basicamente originária da biblioteconomia. Os estudos musicológicos, até então, estavam quase totalmente focados em autores e obras, sendo raras as iniciativas ligadas aos acervos onde tais obras eram encontradas. Com isso, os acervos musicais, na melhor das hipóteses, acabavam recebendo um tratamento superficial e pouco especializado, mas na maioria das vezes nem chegavam a essa fase, permanecendo desorganizados e sujeitos ao extravio total ou parcial.

A partir de 1984 começaram a surgir as primeiras preocupações ligadas a acervos musicais, com discussões em torno do acervo do Museu da Música de Mariana (MG), que se abria ao público naquele mesmo ano (I Encontro, 1984), embora os primeiros esforços empreendidos em sua organização e catalogação tenham sido majoritariamente empíricos.

Também não se pode deixar de perceber a defasagem da preocupação arquivístico-musical no Brasil em relação aos países desenvolvidos e mesmo aos países hispano-americanos, considerando-se que essa tendência já existia na Europa desde o século XIX e que em Lima (Peru), em 1982, surgiam as primeiras propostas de catalogação de manuscritos musicais latino-americanos, no Primer Grupo Regional de Estudio de la Musicología Histórica en América Latina (Neves, 1998).

Os primeiros reflexos dessa tendência, no Brasil, surgiram como proposta para um Sistema Nacional de Arquivos Musicais, durante o Encontro de Musicologia do II Festival Latino-Americano de Arte e Cultura, realizado em Brasília no ano de 1989 (Neves,

1998), mas que, além de tardio em relação às próprias iniciativas hispano-americanas, acabou não resultando diretamente em nenhuma iniciativa concreta. Não se pode negar, contudo, o pioneirismo de José Maria Neves, que participou da elaboração desse documento, na defesa do estudo sistemático dos acervos musicais, em lugar da abordagem meramente extrativista ou colecionista que vigorou até pelo menos o final da década de 80 (Neves, 1993).

Na década de 90, entretanto, surgiram, no meio acadêmico brasileiro, várias discussões ligadas à postura dos pesquisadores em relação aos acervos de manuscritos musicais. Algumas perguntas acabaram se tornando o centro dessas discussões:

1. Como é possível realizar pesquisas sistemáticas na área de musicologia histórica, se boa parte dos acervos brasileiros de manuscritos musicais são privados e nem sempre abertos à consulta?
2. Como é possível realizar pesquisas sistemáticas em acervos brasileiros de manuscritos musicais, se poucos dispõem de uma organização adequada e/ou de um catálogo?
3. Quais acervos de manuscritos musicais existem no Brasil e em quais deles a consulta é permitida?
4. Como respeitar e garantir a integridade dos acervos, evitando-se o extravio e a deterioração de documentos?
5. Quais normas regem a relação entre os pesquisadores e os acervos, ou seja, quais são os direitos e deveres de um e de outro?
6. Por qual motivo um determinado pesquisador sente-se no direito de dificultar o acesso de outro pesquisador a um acervo com o qual trabalha ou trabalhou e, além disso, o que faz com que algumas pessoas submetam-se a esse tipo de procedimento ou se tornem com ele coniventes?

Com base em tais indagações, algumas questões foram expostas em publicações da área, levadas a encontros de musicologia e discutidas no meio musicológico brasileiro, o que aproximou, quase naturalmente, um grupo de pesquisadores ligados a projetos que propunham algum tipo de solução para esses problemas.

Uma nova arquivologia musical no Brasil

A partir do trabalho desse grupo, surgiram duas frentes de atuação: a primeira delas, de cunho teórico, manifestou-se na forma de debates, publicação de artigos, apresentação de comunicações e organização de eventos científicos ligados às questões levantadas, enquanto a segunda, de caráter mais pragmático, visava colocar em prática uma série de propostas para os mesmos problemas. Em relação ao aspecto teórico, um dos primeiros textos a abordar a questão foi a reportagem de Luís Antônio Giron (1989), que denunciava a prática do protecionismo às fontes musicais, mesmo em acervos públicos:

> Nos últimos 45 anos, os pesquisadores da chamada música barroca mineira mais criaram problemas do que resolveram os que se propuseram a enfrentar. Em vez de levantar a documentação para passá-la aos músicos e daí estabelecer uma circulação interpretativa através de edições, mantiveram as fontes sob seu poder, transformando-as em fonte de lucro pessoal.

Alguns anos mais tarde manifestei opinião semelhante (Castagna, 1995), referindo-me também a alguns problemas ligados à formação dos pesquisadores, à organização dos acervos, à realização de eventos e à circulação de informações referentes à produção musicológica:

> Forçoso é dizer que o sentimento de "posse" com relação a assuntos culturais, manuscritos e obras musicais ainda é feudal; a formação de novos musicólogos pouco ultrapassou os limites do autodidatismo; a maior parte dos acervos de manuscritos é particular, ou tratada como tal; as bibliotecas públicas, com raras exceções, são mal aparatadas e as publicações em número insignificante, para não se falar nos problemas sociais, políticos e econômicos, que mantiveram o país, por mais de três décadas, alheio ao desenvolvimento mundial neste setor. O próprio ensino da música erudita é insuficiente para a formação de grupos musicais de projeção internacional, capazes de reverter a aversão

do público tradicional com relação à música brasileira de concerto, via de regra, julgada mais pela execução que pela qualidade e significado histórico das composições.

As relações entre os musicólogos brasileiros ainda não são satisfatórias e não existem mecanismos eficazes, no Brasil, para se saber, com rapidez, o que vem sendo atualmente produzido em musicologia, nas diversas partes do país, à exceção dos esporádicos simpósios, encontros e congressos, nos quais, com raras exceções, as participações não têm resultado na criação de metas comuns. As bibliografias da música erudita brasileira estão longe de reunir os trabalhos publicados nessa área. Ainda que várias tentativas de sistematização já tenham sido levadas a cabo, o tempo as torna obsoletas, sem que novos trabalhos venham atualizá-las.

Em outra reflexão sobre o assunto, Maurício Monteiro (1998, p.104) também denunciava o exclusivismo no acesso às fontes musicais, prática que, para esse autor, estava entre "os principais empecilhos à pesquisa musicológica no Brasil":

[...] é necessário ressaltar que alguns grupos têm a pretensão de se tornarem guardiões da fonte histórica, não colocando em prática a política da pesquisa. Ou seja, alguns pesquisadores-arquivistas ignoram a Constituição e impedem o acesso e o estudo das informações. A fonte textual ou iconográfica, manuscrita ou impressa é um documento histórico e por isso deve ser preservada; entretanto, as informações contidas nele devem ser estudadas em busca de uma compreensão da atividade musical – seja ela do passado ou da contemporaneidade.

A partir de então, uma das preocupações dos musicólogos interessados na reversão desse quadro foi uma participação teórica mais ativa e o investimento de boa parte de seus esforços na organização de eventos que permitissem a abordagem e discussão dessas questões. Dentre os eventos criados ou ampliados a partir dessa época, destinados a uma discussão mais ampla das questões éticas do trabalho musicológico, destacam-se os Simpósios Latino-Americanos de Musicologia (Curitiba), inspirado nos encontros bienais de musicologia realizados em Santa Cruz de la Sierra (Bolívia), como parte do Festival Internacional de Música Renacentista y Barroca Americana "Misiones de Chiquitos", as três últimas edições dos Encontros de Musicologia Histórica (Juiz de Fora) e o Colóquio Brasileiro de Arquivologia e Edição Musical.

Em função dessa tendência, houve um significativo aumento na quantidade dos eventos disponíveis, que pode ser facilmente avaliado a partir dos números disponíveis: dentre os quarenta e cinco eventos diretamente ligados à musicologia organizados entre 1981 e 2004 no Brasil (ou por brasileiros no exterior), vinte foram realizados até 1996, e vinte e cinco, entre 1997 e 2004. A partir desses índices, percebe-se que, nos últimos oito anos, foi praticamente duplicada a freqüência dos eventos (ou seja, o número de eventos por ano), mesmo considerando-se que os encontros anuais da Associação Nacional de Pesquisa e Pós-Graduação em Música (Anppom) converteram-se em congressos bienais a partir de 1999.

Paralelamente, alguns trabalhos propunham uma mudança paradigmática no trabalho musicológico, como o que apresentei no I Simpósio Latino-Americano de Musicologia (Castagna, 1998), no qual foram formuladas várias críticas ao conceito da "descoberta", até então adotado pelos pesquisadores que se dedicavam à música antiga brasileira, discutindo-se também alguns problemas observados na relação entre pesquisadores e acervos musicais no Brasil, sendo esta última questão também o tema de um trabalho apresentado no X Encontro Nacional da Anppom (Castagna, 1997).

André Guerra Cotta (1998), dedicando-se igualmente às reflexões ligadas ao trabalho em acervos de manuscritos musicais, apresentou seus "Subsídios para uma Arquivologia Musical" no XI Encontro Nacional da Anppom, trabalho que, pouco tempo depois, foi ampliado em sua Dissertação de Mestrado em Ciência da Informação, intitulada "O tratamento da Informação em Acervos de Manuscritos Musicais Brasileiros" (Cotta, 2000a). Esse autor continuou dedicando-se ao tema e produzindo textos destinados a proporcionar subsídio teórico para o trabalho arquivístico-musical (Cotta, 2000b e 2000c), como também foi meu caso, porém em menor escala (Castagna, 2000).

Um dos trabalhos de André Guerra Cotta (2000b), intitulado *Considerações sobre o direito de acesso a fontes primárias para a pesquisa musicológica*, demonstrava que, no caso de acervos públicos de manuscritos musicais, não existia nenhum dispositivo legal que pudesse impedir a consulta de um documento antigo por parte de qualquer interessado, salvo quando este estivesse em precário estado de conservação, mas nesse caso, a instituição custodiadora teria a obrigação de informar quais eram os documentos que não podiam ser consultados, além de disponibilizar ao consulente algum tipo de imagem dos documentos em questão. Esse trabalho deu respaldo teórico ao combate da prática de alguns musicólogos e arquivistas de impedir o acesso a determinados documentos musicais ou mesmo a um acervo inteiro e, juntamente com outras ações, participou do início da reversão do protecionismo aos manuscritos musicais, o que obrigou várias instituições a reverem suas normas de consulta e planejar ações nas quais o acesso aos documentos musicais passava a ser não mais um problema, porém um direito dos consulentes.

Outros trabalhos sobre o assunto foram apresentados no III Simpósio Latino-Americano de Musicologia (Curitiba, 1999), no V Encontro de Musicologia Histórica (Juiz de Fora, 2002) e no I Colóquio Brasileiro de Arquivologia e Edição Musical (Mariana, 2003). As realizações mais expressivas nesse sentido, entretanto, foram as discussões realizadas em alguns eventos científicos, como nas cinco edições do Simpósio Latino-Americano de Musicologia (Curitiba, 1997 a 2001), especialmente o III SLAM (21 e 24 de janeiro de 1999), cujo tema foi: *Preservação e acesso à memória musical latino-americana*. Desse simpósio resultou a apresentação de vários trabalhos ligados ao tema, e um documento bilíngüe em quatorze itens (Anexo I), intitulado *Conclusões do III Simpósio Latino-Americano de Musicologia* (Conclusões, 2000), no qual seus dezenove signatários manifestaram suas opiniões sobre o assunto, assumindo importante compromisso no que se refere à democratização e ao desenvolvimento das relações entre pesquisadores e acervos musicais.

No ano seguinte, as Conclusões do III SLAM foram ratificadas no IV Encontro de Musicologia Histórica (Juiz de Fora, 21 a 23 de julho de 2000) (Conclusões, 2002), recebendo mais quatorze assinaturas, embora duas delas já constassem das Conclusões do III SLAM. Devido a seu conteúdo e sua difusão, tais Conclusões iniciaram um debate mais amplo das questões abordadas, começando a ser consideradas o núcleo de um futuro código de ética da atividade musicológica brasileira.

Pouco tempo depois foi realizado o I Colóquio Brasileiro de Arquivologia e Edição Musical (Mariana, 18 a 20 de julho de 2003), com o tema *Perspectivas metodológicas da arquivologia e da edição musical no Brasil*, o primeiro dessas duas especialidades no Brasil e na América Latina. Desse evento surgiram as Conclusões e Recomendações do I Colóquio Brasileiro de Arquivologia e Edição Musical (Conclusões, 2004), assinadas por dezoito especialistas e destinadas a sugerir novas propostas em tais assuntos.

Únicos na musicologia brasileira, tais documentos tiveram a finalidade de contribuir para o desenvolvimento dos estudos em musicologia, mas também das relações entre os pesquisadores e os acervos musicais, podendo futuramente contribuir para a melhor definição do papel do pesquisador e da própria musicologia no Brasil.

Realizações práticas

No campo prático, entretanto, as novas realizações foram mais diversificadas, porém a maior parte delas em consonância com as Conclusões do III SLAM. De maneira geral, procurou-se conhecer melhor os acervos musicais brasileiros, especialmente aqueles que conservam manuscritos musicais, estabelecendo-se com eles um contato mais amplo e tentando-se levantar sua situação.

Até fins do século XX, não existia nenhum tipo de publicação que relacionasse os acervos musicais existentes no Brasil, de modo a orientar os pesquisadores interessados na localização e/ou estudo de fontes musicais específicas, como partituras impressas, partituras manuscritas, artigos, livros, dissertações ou teses sobre música, gravações, documentação, iconografia, instrumentos musicais etc.

Com isso, somente os acervos de maior visibilidade acabavam sendo consultados, permanecendo os demais praticamente ocultos da maior parte dos pesquisadores, tendo sido o conhecimento sobre sua existência muitas vezes utilizado como forma de poder. Paralelamente, alguns importantes acervos musicais brasileiros apresentavam (ou apresentam) várias dificuldades para sua consulta, valendo-se até da pequena visibilidade como meio de evitar a presença de consulentes.

Essa situação começou a se modificar em 2001, com a inclusão, no guia *VivaMúsica!*, de uma seção intitulada Centros de Documentação e Acervos, idealizada por sua coordenadora, Heloísa Fischer (2001). Tal seção relacionava, pela primeira vez no país, cinqüenta e um acervos musicais, com indicação do diretor de cada instituição, endereço postal completo, telefone, fax, endereço eletrônico e página na Internet, quando disponíveis.

As informações para a seção Centros de Documentação e Acervos foram levantadas por algumas pessoas envolvidas com o guia *VivaMúsica!*, mas também enviadas por colaboradores, como foi meu caso. O impacto das informações apresentadas por esse guia começou a surgir no próprio ano de 2001, com a transferência dos registros para várias páginas da Internet e o conseqüente aumento da procura por acervos musicais no país.

Nos anos seguintes, novas informações continuaram a ser enviadas ao guia, fazendo com que o número de acervos passasse de cinqüenta e um, em 2001, para noventa e seis, em 2004, o que representou o substancial aumento de 47% no número de acervos musicais conhecidos (Fischer, 2004). Se essa tendência for mantida, em alguns anos será possível saber, com grande precisão, quais são os acervos musicais existentes no Brasil e como contatá-los, embora ainda não exista um mecanismo para saber, á distância, qual é o conteúdo da maioria desses acervos.

Além disso, novos acervos começaram a ser organizados (ou reorganizados) e catalogados, visando um acesso democrático e uma nova forma de relacionamento entre os pesquisadores e a instituição que os preserva. Entre os principais estão a Seção de Música do Arquivo da Cúria Metropolitana de São Paulo (SP), o Museu da Música de Mariana (MG), o Arquivo Vespasiano Gregório dos Santos (Belo Horizonte, MG), o Arquivo da Sociedade Musical Euterpe Itabirana (MG), o Arquivo Histórico Monsenhor Horta (Mariana, MG), o Acervo de Manuscritos Musicais de Viçosa (MG) e o Arquivo do Cabido Metropolitano da Catedral do Rio de Janeiro (RJ). O Arquivo Vespasiano Gregório dos Santos foi o primeiro acervo brasileiro de manuscritos musicais a ser totalmente digitalizado e disponibilizado em CD-Rom e em uma página da Internet (Pontes, 1999), iniciativa que influenciou várias ações posteriores.

Destaque-se, no caso dos acervos de manuscritos musicais, a situação dos três maiores acervos musicais eclesiásticos brasileiros: a Seção de Música do Arquivo da Cúria Metropolitana de São Paulo, o Museu da Música de Mariana e o Arquivo do Cabido Metropolitano do Rio de Janeiro, que conservam os remanescentes das mais ativas catedrais brasileiras, no que se refere à prática musical religiosa (no caso do Rio de Janeiro, também da Capela Real e Imperial). Até meados da década de 90, o acesso a esses acervos era muito restrito (ou nem era permitido, como no caso do Rio de Janeiro), não existindo catálogos que relacionassem de maneira precisa e sistemática todo o seu conteúdo.

Visando contribuir para a solução desses problemas, participei de iniciativas ligadas a dois desses acervos: no Arquivo da Cúria Metropolitana de São Paulo coordenei a organização e a catalogação da Seção de Música (1996-1997), que permitiu o início das consultas sistemáticas ao acervo, enquanto no Museu da Música de Mariana coordenei a equipe musicológica que trabalhou na reorganização e catalogação do acervo e na produção de nove CDs e nove volumes de partituras entre 2001 e 2003, em projeto da Fundação Cultural da Arquidiocese de Mariana, gerenciado pelo Santa Rosa Bureau Cultural e financiado pela Petrobras (ver: http://www.mmmariana.com.br). Pouco tempo depois, o Arquivo do Cabido Metropolitano do Rio de Janeiro começou a ser organizado e catalogado por uma equipe que inclui alguns pesquisadores que trabalharam em Mariana, com a finalidade de ser disponibilizado aos consulentes com o mesmo procedimento adotado no Arquivo Vespasiano Gregório dos Santos, em Belo Horizonte.

A partir dessas experiências, foi desenvolvido um conjunto bastante grande de procedimentos que visam garantir a integridade de cada acervo, respeitar suas peculiaridades, levantar seu histórico, proporcionar um conhecimento preciso de seu conteúdo e permitir ao consulente um acesso democrático, baseado em normas claras e previamente estabelecidas.

Paralelamente, procurou-se criar mecanismos que beneficiassem também as instituições mantenedoras dos acervos. O caso melhor sucedido, até o momento, é o do Museu da Música de Mariana, no qual a arrecadação com a vendagem dos CDs e partituras está sendo revertida para a própria instituição custodiadora, no caso, a Fundação Cultural e Educacional da Arquidiocese de Mariana. As quase cem mil consultas à página do Museu da Música na Internet são uma clara demonstração do interesse gerado por esse tipo de projeto e também por uma visibilidade que essa instituição não teria sem o projeto lá empreendido.

Considerações finais

Uma vez surgido respaldo teórico para uma nova postura na musicologia brasileira, especialmente no que se refere à relação entre os pesquisadores e os acervos musicais, resta ampliar as ações iniciadas até o momento, para dar à atividade musicológica no Brasil caráter mais amplo, além de uma visibilidade e um significado mais claro junto à sociedade. Não será mais possível obter resultados satisfatórios na pesquisa musicológica sem um acesso pleno às fontes musicais e mesmo sem uma postura ética do pesquisador, assim como será cada vez mais difícil, para as instituições custodiadoras, evitar esse acesso, considerando-se que o senso geral caminha no sentido contrário.

REFERÊNCIAS BIBLIOGRÁFICAS

CASTAGNA, Paulo. Descoberta e restauração: problemas atuais na relação entre pesquisadores e acervos musicais no Brasil. I SIMPÓSIO LATINO-AMERICANO DE MUSICOLOGIA, Curitiba, 10-12 jan. 1997. *Anais*. Curitiba: Fundação Cultural de Curitiba, 1998. p. 97-109.

_____. Musicologia brasileira e portuguesa: a inevitável integração. *Revista da Sociedade Brasileira de Musicologia*, São Paulo, n.1, p. 64-79, 1995.

_____. O "roubo da aura" e a pesquisa musical no Brasil. X ENCONTRO NACIONAL DA ANPPOM, Goiânia, 27-30 ago. 1997. *Anais*. Goiânia: Universidade Federal de Goiás, 1997. p. 35-9.

_____. Reflexões metodológicas sobre a catalogação de música religiosa dos séculos XVIII e XIX em acervos brasileiros de manuscritos musicais. III SIMPÓSIO LATINO-AMERICANO DE MUSICOLOGIA, Curitiba, 21-24 jan. 1999. *Anais*. Curitiba: Fundação Cultural de Curitiba, 2000. p. 139-65.

CONCLUSÕES do III Simpósio Latino-Americano de Musicologia. III SIMPÓSIO LATINO-AMERICANO DE MUSICOLOGIA, Curitiba, 21-24 jan.1999. Anais. Curitiba: Fundação Cultural de Curitiba, 2000. p.11-18.

CONCLUSÕES do IV Encontro de Musicologia Histórica. IV ENCONTRO DE MUSICOLOGIA HISTÓRICA, Juiz de Fora, 21-23 jul. 2000. *Anais*. Juiz de Fora: Centro Cultural Pró-Música; Rio de Janeiro: Fundação Biblioteca Nacional, 2002. p. 318-22.

CONCLUSÕES e Recomendações do I Colóquio Brasileiro de Arquivologia e Edição Musical. I COLÓQUIO BRASILEIRO DE ARQUIVOLOGIA E EDIÇÃO MUSICAL, Mariana (MG), 18-20 jul. 2003. *Anais*. Mariana: Fundação Cultural e Educacional da Arquidiocese de Mariana, 2004. p. 303-12.

COTTA, André Guerra. Considerações sobre o direito de acesso a fontes primárias para a pesquisa musicológica. III SIMPÓSIO LATINO-AMERICANO DE MUSICOLOGIA, Curitiba, 21-24 jan. 1999. *Anais*. Curitiba: Fundação Cultural de Curitiba, 2000. p. 71-92.

_____. O tratamento da informação em acervos de manuscritos musicais brasileiros. Belo Horizonte, 2002. Dissertação (Mestrado em Ciência da Informação). Escola de Biblioteconomia, UFMG.

_____. O tratamento da informação em acervos de manuscritos musicais. III SIMPÓSIO LATINO-AMERICANO DE MUSICOLOGIA, Curitiba, 21-24 jan. 1999. *Anais*. Curitiba: Fundação Cultural de Curitiba, 2000. p. 367-74.

_____. Subsídios para uma arquivologia musical. XI ENCONTRO NACIONAL DA ANPPOM, Campinas, 24 a 28 ago. 1998. *Anais*. Campinas: Instituto de Artes da Unicamp, 1998. p. 238-43.

I ENCONTRO Nacional de Pesquisa em Música, Mariana, Escola de Música da UFMG, Arquidiocese de Mariana, Museu da Música, 1-4 jul. 1984. *Anais*. Organização e coordenação geral: Sandra Loureiro de Freitas Reis. Belo Horizonte: Ed. da UFMG, 1984. 188p.

FISCHER, Heloísa (org.). *Guia VivaMúsica!* 2001. Rio de Janeiro: VivaMúsica! Marketing e Edições, 2001. p.91-6.

_____. *VivaMúsica!: Anuário 2004*. Rio de Janeiro: VivaMúsica!, 2004. 255p.

Faculdade de Música Carlos Gomes 75

GIRON, Luís Antônio. Documentação é usada como fonte de lucro pessoal. *Folha de S. Paulo, Ilustrada*, 31 dez. 1989, p. E-3.

MONTEIRO, Maurício. Uma introdução sobre a musicologia no Brasil (o caso da música colonial mineira). III ENCONTRO DE MUSICOLOGIA HISTÓRICA. Juiz de Fora, 11-26 jul. 1998. *Anais*. Juiz de Fora: Centro Cultural Pró-Música, 1998. p. 103-14.

NEVES, José Maria. Arquivos de manuscritos musicais brasileiros: breve panorama. Recuperação e propostas para uma sistematização latino-americana. I SIMPÓSIO LATINO-AMERICANO DE MUSICOLOGIA, Curitiba, 10-12 jan. 1997. *Anais*. Curitiba: Fundação Cultural de Curitiba, 1998. p. 137-63.

_____. Arquivos musicais brasileiros: preservar enquanto é tempo. Piracema, Rio de Janeiro, a. 1, n.1, p. 136-45, 1993.

PONTES, Márcio Miranda. *Catálogo de manuscritos musicais presentes no acervo do maestro Vespasiano Gregório dos Santos* (CD-Rom). Belo Horizonte: UEMG/Fapemig, 1999. 2v.

ANEXO

Conclusões do III Simpósio Latino-Americano de Musicologia (Preservação e acesso à memória musical latino-americana), Curitiba, 24 de janeiro de 1999.

1. O desenvolvimento da musicologia e a difusão de seus resultados e benefícios dependem da organização, catalogação e disponibilização de quaisquer tipos de fontes primárias (manuscritos, impressos, registros sonoros, registros de imagens, instrumentos, objetos etc.), pertencentes a acervos públicos, eclesiásticos e privados, mas principalmente de políticas não restritivas de acesso a tais fontes, incluindo a disponibilização de fac-símiles, independentemente dos estudos já realizados sobre os mesmos.

2. O pesquisador deve respeitar a integridade dos acervos, contribuir para sua preservação e valorizar o acesso dos demais interessados, mesmo aos acervos com os quais trabalha ou trabalhou, visando à democratização da pesquisa, à pluralidade de abordagens dos objetos de estudo e à expansão das investigações musicológicas.

3. É fundamental uma postura ética e humanística dos pesquisadores em relação aos acervos musicais, documentais, bibliográficos, sonoros, iconográficos, organológicos etc., sejam eles públicos, eclesiásticos ou privados, procurando também retribuir à comunidade que os conservou, pelo acesso que teve às fontes primárias.

4. É garantido aos pesquisadores o direito de acesso direto à informação contida nos acervos públicos de qualquer espécie (musicais, documentais, bibliográficos, sonoros, iconográficos, organológicos etc.), em consonância com os objetivos do Conselho Internacional de Arquivos (9-11 jun. 1948)[1], mas também de acordo com a

---

1 Estatutos do Conselho Internacional de Arquivos (9-11 jun. 1948), artigo 2 (Objetivos Gerais), inciso d: "Facilitar a interpretação e uso de documentos arquivísticos, tornando o seu conteúdo mais amplamente conhecido e promovendo maior facilidade de acesso aos arquivos".

76 Sonia Albano de Lima

Declaração Universal dos Direitos do Homem (10 dez. 1948)[2] e com a legislação específica de cada país.

5. É garantido aos pesquisadores o direito de acesso direto à informação contida nos acervos eclesiásticos de qualquer espécie (musicais, documentais, bibliográficos, sonoros, iconográficos, organológicos etc.), de acordo com a Epístola Encíclica Pacem in Terris (11 abr. 1963) de João XXIII[3] e com a Carta Circular A função pastoral dos arquivos eclesiásticos (2 fev. 1997), emitida pela Pontifícia Comissão para os Bens Culturais da Igreja[4].

6. É necessária, para o desenvolvimento da musicologia e para a difusão de seus resultados e benefícios, uma política de sensibilização dos proprietários de acervos privados de qualquer espécie (musicais, documentais, bibliográficos, sonoros, iconográficos, organológicos etc.) quanto à necessidade e à importância de sua abertura aos pesquisadores e da divulgação de seu conteúdo em apresentações, registros sonoros, publicações e mídia, devido ao seu significado enquanto parte da história coletiva e ao seu caráter público de patrimônio cultural.

7. É fundamental que as instituições públicas, eclesiásticas e privadas, que têm como função a guarda e a preservação de acervos permanentes de qualquer espécie (musicais, documentais, bibliográficos, sonoros, iconográficos, organológicos etc.), correspondam às necessidades e às expectativas dos pesquisadores e de toda a comunidade em relação à segurança, preservação e acesso aos materiais depositados, do que dependem a credibilidade e a função social de tais instituições.

8. É fundamental investir na formação da opinião pública, através da conscientização e mobilização da comunidade em relação à importância de preservação da memória musical, para que ela possa reclamar, junto às autoridades constituídas, políticas eficazes em relação à criação, manutenção e continuidade das instituições comprometidas com o patrimônio musical.

9. É importante a criação de novos centros regionais de documentação, pesquisa e in-

---

2 Declaração Universal dos Direitos do Homem (10 dez. 1948), artigo 19: "*Todo indivíduo tem direito à liberdade de opinião e de expressão, o que implica o direito de não ser inquietado pelas suas opiniões e o de procurar, receber e difundir, sem consideração de fronteiras, informações e idéias por qualquer meio de expressão*". (grifos nossos)
3 Papa João XXIII. *Encíclica Pacem in Terris* (11 abr. 1963): "Todo ser humano tem direito [...] à liberdade na busca da verdade [...] as exigências da moral e do bem comum sejam salvaguardadas. O ser humano tem, igualmente, direito a uma informação objetiva".
4 Pontifícia Comissão para os Bens Culturais da Igreja. Carta Circular *A função pastoral dos arquivos eclesiásticos* (Vaticano, 2 fev. 1997), item 4.3 (Destinação universal do patrimônio arquivístico): "Os arquivos, enquanto bens culturais, são oferecidos antes de mais nada ao usufruto da comunidade que os produziu, mas com o passar do tempo assumem uma destinação universal, tornando-se patrimônio da humanidade inteira. Com efeito, *o material depositado não pode ser impedido àqueles que podem tirar proveito dele*, a fim de conhecer a história do povo cristão, as suas vicissitudes religiosas, civis, culturais e sociais. / *Os responsáveis devem fazer com que o usufruto dos arquivos eclesiásticos possa ser facilitado não só aos interessados que a ele têm direito, mas também ao mais amplo círculo de estudiosos, sem preconceitos ideológicos e religiosos*, como se dá na melhor tradição eclesiástica, salvaguardando as oportunas normas de tutela, dadas pelo direito universal e pelas normas do Bispo diocesano. *Tais perspectivas de abertura desinteressada, de acolhimento benévolo e de serviço competente devem ser tomadas em alta consideração*, a fim de que a memória histórica da Igreja seja oferecida à coletividade inteira". (grifos nossos)

Faculdade de Música Carlos Gomes 77

formação musical, encarregados da preservação do patrimônio musical latino-americano de todos os períodos, conforme recomendações da Acta General de Acuerdos y Proposiciones del Ier Grupo Regional de Estudio de la Musicología Historica en America Latina (Lima, Peru, 6 a 11 de setembro de 1982) e sugestões do I Simpósio Latino-Americano de Musicologia (Curitiba, Brasil, 21-24 de janeiro de 1997).

10. É fundamental que os manuscritos musicais, registros sonoros e imagens de qualquer período, depositados em acervos públicos, eclesiásticos e privados, sejam tratados como documentos permanentes, pela sua unicidade e pelo valor histórico que têm, referenciados com precisão e sujeitos à normatização técnica e à legislação arquivística específica.

11. É importante a caracterização e a padronização terminológica dos elementos e materiais musicais com os quais se depara o pesquisador. Nesse sentido, é importante também observar a distinção entre fundo arquivístico e coleção, para que se possa determinar conscientemente os procedimentos mais adequados a cada caso, de acordo com as normas arquivísticas internacionais e com as necessidades e especificidades de cada acervo e de cada região.

12. É importante reconhecer as singularidades de cada acervo, para que o tratamento da informação e a confecção de instrumentos de trabalho, como guias, catálogos, inventários etc., observe seus aspectos particulares, considerando, porém, critérios e normas científicas, de maneira a não gerar sistemas casuísticos de catalogação.

13. As condições precárias de preservação e organização de grande parte dos acervos de manuscritos musicais latino-americanos evidenciam a importância de se incluir, na pesquisa musicológica, também o trabalho de natureza documental, como a organização e a catalogação.

14. É necessário discutir a utilização de formatos de intercâmbio de informação entre os acervos (musicais, documentais, bibliográficos, sonoros, iconográficos, organológicos etc.), tendo em vista a necessidade de compatibilização com os sistemas internacionais de informação e a necessidade de observância dos critérios e possibilidades pertinentes à realidade latino-americana.

PAULO CASTAGNA graduou-se e apresentou dissertação de mestrado na Escola de Comunicações e Artes da Universidade de São Paulo – USP, respectivamente, em 1987 e 1992, e defendeu tese de doutorado na Faculdade de Filosofia, Letras e Ciências Humanas da mesma universidade, em 2000. Foi bolsista do CNPq (1985), da Funarte (1988-1989), da Fapesp (1986-1987 e 1989-1991) e da Vitae (2001-2002), produzindo partituras, livros e artigos na área de musicologia histórica, cursos, conferências e programas de rádio. Foi professor da Faculdade Santa Marcelina. De 1990 até 1995 lecionou História da Música, História da Música Brasileira e Apreciação Musical nos cursos de graduação da Faculdade de Música Carlos Gomes, atuando também na pós-gra-

78 Sonia Albano de Lima

duação *lato sensu* e no mestrado, ministrando as disciplinas Introdução à Música Colonial Brasileira e Princípios Básicos de Restauração Musical (1992 e 1995). É professor e pesquisador do Instituto de Artes da Unesp desde 1994, onde orienta projetos de pesquisa na graduação e na pós-graduação e coordena o grupo de pesquisa Musicologia Histórica Brasileira. Participou de encontros de musicologia na América Latina, na Europa e nos Estados Unidos e coordenou projetos de organização e catalogação de acervos brasileiros de manuscritos musicais e de edição e gravação de música brasileira dos séculos XVIII e XIX. Coordenou ou participou da coordenação de encontros de musicologia em São Paulo, Curitiba, Juiz de Fora, Mariana, Santa Cruz de la Sierra (Bolívia) e Sarrebourg (França).

✿ O ACERVO MUSICAL DE ITAMARATY NAS MINAS GERAIS
Antonio Ribeiro

O presente trabalho teve início com a descoberta, em 1999, de um grande acervo de aproximadamente 180 obras musicais escritas para banda e outras formações vocais e instrumentais, no único cartório de um pequeno município localizado na Zona da Mata nas Minas Gerais, denominado atualmente de Itamaraty.

Guardadas há mais de sessenta e cinco anos, as peças encontradas revelam um passado musical rico e variado em um período que compreende o último quartel do século XIX até, aproximadamente 1930.

Por aquela época, o senhor Astholfo da Silva Tavares, encarregado do cartório citado, desenvolveu também as atividades de mestre de banda do arraial, propiciando, desse modo, o acúmulo das tantas obras no decorrer dos anos. Uma vez passado para um de seus filhos, no caso, o senhor Aulino da Silva Tavares, o controle daquele estabelecimento e de tudo o que lá se encontrava depositado – incluem-se aí as músicas –, foi possível a chegada desse material até nós. Deve-se dizer que, até o presente momento, a guarda e o acondicionamento não foram adequados à boa preservação dos papéis, visto que goteiras, ratos e insetos acabaram por danificar boa parte do acervo.

Após um primeiro contato com as obras, procedeu-se a uma seleção, tendo em conta a antigüidade e o melhor estado de preservação. Em seguida, optou-se por limitar o estudo à música sacra, visto serem poucos os exemplares encontrados no acervo e, de modo geral, estes mais bem conservados.

Foram então catalogadas dez peças para este trabalho, cujas características principais foram averiguadas, fazendo com que viessem à luz informações do pensamento musical daquela região do sudeste mineiro no período que compreendeu o final do Império até a República Velha brasileira.

A organização musical

Em 1896, já com algum movimento que pudesse manter uma atividade musical estável, alguns senhores de Itamaraty – fazendeiros e profissionais liberais em sua maioria – reuniram-se e organizaram uma instituição: a Sociedade Muzical de Santa Cecília. Esta organização passou então a oferecer à população a possibilidade de uma formação musical (mediante pagamento), concretizada na figura de um professor, de um conjunto musical (traduzido, na maioria das vezes, em uma banda) e de um centro que coordenasse ou pudesse influenciar a coordenação dos eventos musicais do vilarejo.

No que toca às contribuições da Sociedade, pode-se dizer que duas se destacam: o fomento à capacidade de intercâmbio com outros meios musicais, favorecendo o enriquecimento do repertório do conjunto (registram-se peças de outras cidades da região da Zona da Mata, como Piedade, Astholfo Dutra, Cataguases e Sant'Ana; de outras partes do estado de Minas, como Mariana, São João Nepomuceno e Belo Horizonte; e também até de fora do país, como é o caso do *Passo ordinário "Cahir na rede"*, vindo de Portugal); e, como segunda contribuição, a instalação do aprendizado musical por meio de aulas ministradas regularmente por um professor contratado. Ensinava-se teoria da música, um instrumento de banda ou piano, e até, em alguns casos, harmonia (foi encontrado no acervo um exemplar do *Breve Tratado de Harmonia contendo o contraponto ou regras da composição musical e o baixo cifrado ou acompanhamento d'órgão*, do organista e compositor português Raphael Coelho Machado (Ilha da Madeira, 1814 – Rio de Janeiro, 15/08/1887, edição de Arthur Napoleão & Miguez, de 1889, Rio de Janeiro).

Essa atividade didática possibilitou o desenvolvimento e a manutenção da Sociedade por quase trinta e cinco anos. No momento em que a agropecuária de Itamaraty – seu grande sustentáculo econômico – entrou em decadência, a organização musical declinou em suas funções, cessando completamente suas atividades em 1931.

As obras

As peças estudadas são tipicamente representativas das manifestações religiosas católicas da época. Constam um Credo, um Benedictus, duas Ladainhas, duas Ave-Marias, um Veni Sanctu Spiritus, um O Salutaris e uma Ária.

Observando-as, podemos dizer que a instrumentação é razoavelmente uniforme (com predominância de instrumentos de banda) e de pouca e/ou média dificuldade técnica de execução. Apenas uma peça é escrita para orquestra sinfônica clássica: o *Credo*, de Manoel Maria de Borgarth. Estruturalmente, as músicas são simples, algumas monotemáticas e outras vazadas na forma ABA'.

Quanto aos poucos compositores que puderam ser distinguidos, apenas sobre um, de nome Levino Cahé, é que se pôde verificar alguns dados: escreveu várias peças para banda e para piano, foi também maestro e um dos professores de teoria e piano da Sociedade. A dificuldade de obter informações sobre os compositores se mantém com os copistas: faltam-lhes dados, embora estes possam ser identificados em quase todas as partes. Estas, aliás, são todas manuscritas, sempre em papel de música já impresso, não existindo nenhuma editada.

Catálogo das obras: um esboço

As obras estão ordenadas cronologicamente. Abaixo do nome de cada peça está a formação para a qual foi escrita, nome do compositor, cidade onde foi escrita e a data; novamente abaixo, o nome do copista, cidade e data da cópia. A seguir, consta a instrumentação, tal como se encontra nos originais.

1. *CREDO – Et Incarnatus, Et resurrexit, Sanctus, Hosana, Benedictus, Agnus Dei*
Para coro misto a 4 vozes e orquestra
Borgarth, Manoel Maria de – compositor
Sapucaia, 1888? – data da composição?
Teixeira, Rogério – copista

Cataguases,14/05/1914 – data da cópia
Partes de soprano, alto, tenor (incompleta) e baixo; harmonium, flauta, oboé, clarinete em lá e sib, basson, trompas em fá, piston em lá e sib, trombone em do, 1º e 2º violinos, violas, violoncelos e contrabaixos.

2. *BENEDICTUS*
Para coro misto a 4 vozes (SATB) e banda.
Casimiro, J. – copista
20/05/1890 – data da cópia
Partes de soprano, alto, tenor e baixo; clarineta em sib, pistão em sib (instrumentação incompleta).

3. *LADAINHA Nº6*
Para voz (não encontrada) e banda
Gusmão, Hélio Baptista – copista
Piedade, 25/04/1899 – data da cópia
Partes de clarinete em sib, piston, bombardino, trombone.

4. *VENI SANTO SPIRITUS*
Para soprano e banda
Gusmão, Hélio Baptista – copista
Piedade, 26/04/1899 – data da cópia
Partes de soprano, clarineta em sib, 1º e 2º sax mib, piston em sib, bombardino em sib, trombone, baixo em mib.

5. *AVE MARIA*
Para soprano, contralto e banda
Gomes, S(ant'Anna?) – compositor
Tavares, C. – copista
08/05/1906 – data da cópia
Partes de soprano, contralto, flauta, ophicleide, altos em mib, baixo em do.

6. *O SALUTARIS*
Para mezzo soprano e banda ? (faltam partes)
Bordesse – compositor

Cahé, Levino – copista
São João (Nepomuceno ?), 15/05/1909 – data da cópia
Partes de mezzo soprano, violino, clarineta, piston em sib, trompa em do e em mib, baixo em do.

7. *ARIA – para ser executada na ocasião da bênção da pedra fundamental da Capella Santa Cruz*
Para flauta, bombardino solos e banda
Cahé, Levino – compositor e copista
Piedade, 29 e 30/04?/1910
Partes de flauta, bombardino em do, clarineta em sib, 1º e 2º sax em mib, piston em sib, baixo em do, bombo.

8. *LADAINHA Nº4*
Para contralto e harmonium
?
24/05/1912 – data da cópia
Partitura para contralto e harmonium

9. *MISSA DE RÉQUIEM – Kyrie, Sanctus, Benedictus, Agnu Dei*
Para coro feminino a 3 vozes e banda com violino
Cahé, Levino – compositor
Rio Branco, 20/09/1913 – data da composição
Partitura manuscrita do compositor
Baptista, Amadeu – copista
Piedade de Leopoldina, 15/12/1913 – data da cópia
Partes de soprano, mezzo soprano, contralto, violino, 1ª e 2ª flautas, clarinete em do, piston em sib, bombardino em ut, 1º e 2º trombone em ut, 1º e 2º baixo em ut.

10. *AVE MARIA*
Para mezzo soprano e banda
Baptista, Amadeu – compositor
Piedade, 13/04/1922 – data da cópia
Partes de mezzo soprano, clarinete em sib, piston em sib, 1ª e 2ª trompa em sib, baixo em sib.

84 Sonia Albano de Lima

REFERÊNCIAS BIBLIOGRÁFICAS

AGUIAR, Ernani. Recuperação de música brasileira do passado. I SIMPÓSIO LATINO AMERICANO DE MUSICOLOGIA. 10-12 jan. 1997. *Anais*. Fundação Cultural de Curitiba, 1998.

ANDRADE, Mário de. *Aspectos da música brasileira*. São Paulo: Martins Fontes, 1965.

_____. *Pequena história da música*. Belo Horizonte: Itatiaia, 1987.

AZEVEDO, Luiz Heitor Corrêa de. *150 anos de música no Brasil*. Rio de Janeiro: José Olympio, 1956.

ARQUIVO DA PREFEITURA MUNICIPAL DE ITAMARATY, Minas Gerais, pastas IX,X, XI, XII.

BEHAGUE, Gerard. *Music in Latin American: introduction*. New Kersey: Prentice Hall, Englewood Cliffs, 1979.

BETTENCOURT, Gastão de. *História breve da música no Brasil*. Lisboa: Secção de Intercâmbio Luso-Brasileiro do SNI, 1945.

CARVALHO, Vinícius Mariano de. As bandas de música nas Minas Gerais. I SIMPÓSIO LATINO-AMERICANO DE MUSICOLOGIA. 10-12 jan. 1997. *Anais*. Fundação Cultural de Curitiba, 1998.

COTTA, André Guerra. Dois acervos mineiros. I SIMPÓSIO LATINO-AMERICANO DE MUSICOLOGIA. 10-12 jan. 1997. *Anais*. Fundação Cultural de Curitiba, 1998.

DICIONÁRIO DE MÚSICA. Rio de Janeiro: Jorge Zahar, 1985. p. 203.

DUPRAT, Régis. *Garimpo musical*. São Paulo: Novas Metas, 1985.

ENCICLOPÉDIA DA MÚSICA BRASILEIRA: ERUDITA, FOLCLÓRICA E POPULAR. 2ª reimpr. São Paulo: Art Editora, Publifolha. 1998.

FREITAG, Léa Vinocur. *Momentos de música brasileira*. São Paulo: Nobel, 1985.

LANGE, Francisco Curt. *As danças coletivas públicas no período colonial brasileiro e as danças das Corporações de Ofícios em Minas Gerais*. Belo Horizonte, Barroco, nº 1, 1968.

NEVES, José Maria. Arquivos de manuscritos musicais brasileiros: breve panorama. I SIMPÓSIO LATINO-AMERICANO DE MUSICOLOGIA. 10-12 jan. 1997. *Anais*. Fundação Cultural de Curitiba, 1998.

VIEGAS, Aluízio José. Arquivos musicais mineiros: localização, material existente, acesso e trabalhos realizados. I SIMPÓSIO LATINO-AMERICANO DE MUSICOLOGIA. 10-12 jan. 1997. *Anais*. Fundação Cultural de Curitiba, 1998.

ANTONIO RIBEIRO é compositor, pesquisador e professor. É formado em piano pela Escola Municipal de Música de São Paulo e em Composição e Regência pela IA-Unesp. Estudou composição com M. Camargo Guarnieri, de quem foi o último aluno, Osvaldo Lacerda, Sérgio Vasconcellos Corrêa e Flo Menezes. Freqüentou masterclasses com Pierre Boulez, Hans Ulrich Humpert e Hans J. Koellreutter. Cursou História da Arte Renascentista no Eurocentre, em Florença, Itália. No período de 2000 a 2003, foi um dos redatores dos programas de concertos da Orquestra Sinfônica do Estado de São Paulo – Osesp. Para esta, empreendeu trabalhos de edição e revisão musicológica de partituras de Camargo Guarnieri: *Choro para violoncelo e orquestra* e *Sinfonia n° 1*. Ainda daquele compositor, revisou e editou o *Choro para fagote, cordas, harpa e percussão* – interpretado pela Orquestra Sinfônica da USP, na temporada de 2003 – e os então inéditos *Piratininga* e *Prelúdio e Fuga*, ambos para piano, obras gravadas pela pianista Belkiss Carneiro de Mendonça no mesmo ano. Membro-fundador do Núcleo Hespérides – Música das Américas, grupo que vem se dedicando à divulgação da música contemporânea das Américas e que tem desenvolvido intensa atividade nos principais palcos do país. Tem obras regularmente apresentadas no Brasil e no exterior (França, Finlândia, Argentina, Colômbia, Uruguai). Atualmente, é professor da Escola Municipal de Música de São Paulo, Escola Superior de Música da Faculdade Integrada Cantareira e Faculdade de Música Carlos Gomes, SP, onde leciona disciplinas ligadas à área de estruturação e linguagem musical.

❀ MÚSICA AGOSTINIANA: CONEXÃO HARMONIOSA ENTRE A BELEZA SENSÍVEL E A BELEZA SUPREMA

Rita Fucci Amato

Santo Agostinho foi, sem dúvida, um dos mais brilhantes escritores e, com sua obra, variada e profunda, abordou todos os domínios do dogma cristão, contribuindo decisivamente para a formulação do pensamento cristão.

Sua personalidade complexa situava-se no limite entre o mundo greco-romano e a Idade Média. Tendo vivido em uma época de decadência, em que a cultura estava reduzida à mera erudição e ao vazio esteticismo, Agostinho, embora tenha experimentado o fascínio dos valores terrenos, manteve a busca constante do Bem Supremo – Deus.

Contradições sempre fizeram parte de sua vida, desde sua origem africana, com profunda dominação romana, até sua convivência diária com pagãos e cristãos que, certamente, frutificaram em profícuas obras, apesar de carregadas de fortes e opostos sentimentos.

De um lado, Roma usufruía duramente dos bens africanos e, por outro, "romanizou" a África, intelectualizando-a, como bem demonstra a figura de Santo Agostinho.

Grande dilema viveu ele em relação à sua vida profissional de retórico e sua necessidade de questionar e entender o mundo no qual vivia. Escolher uma brilhante carreira na monarquia burocrática e se casar ou se dedicar ao entendimento das "coisas do alto" certamente não foi uma tarefa fácil. Dinheiro e oportunidade não lhe faltavam, assegurava seu pai, devido à sua formação intelectual.

O conhecimento sobre a África, à época de Agostinho, revela grandes oportunidades de entendê-lo como um homem preocupado com a divisão na Igreja, principalmente entre donatistas e católicos; como um grande orador que exerceu influências sérias na elite intelectual de sua época; como bispo de Hipona, uma cidade marítima, que irradiou seus conhecimentos para além da África até a intelectualidade da Igreja; e, fundamentalmente, como um homem laborioso, absorvido com seus deveres e ciente de seu potencial literário, utilizando-o no convencimento das pessoas de menos fé ou, talvez, de mais razão.

O diálogo *De Musica*[1] pertence à primeira série de escritos didáticos e filosóficos iniciados por Santo Agostinho à época de sua estada em Cassicíaco (hoje, Cassago de Brianza, situado à distância de sete léguas de Milão).

Em Cassicíaco, Agostinho permaneceu de setembro de 386 até março de 387, quando deu início ao Disciplinarum libri, na tentativa de oferecer uma perspectiva de todas as artes liberais: gramática, dialética, retórica, música, geometria, astronomia e filosofia. Estava ele em preparação para o batismo e em companhia de sua mãe Mônica, seu irmão Navigio, seu filho Adeodato, seus primos Lastidiano e Rústico, seu amigo Alipio e seus discípulos Licencio e Trigecio.

Nesses diálogos, Agostinho, por meio de uma incansável busca da verdade, começou a adentrar-se pela região do espírito, o que o transformou em um dos maiores mestres da humanidade:

> Todos estes primeiros escritos constroem uma doutrina racional e mística sobre Deus e a alma. Seus singulares e penetrantes argumentos – o mais famoso deles, sua antecipação do cartesiano *cogito ergo sum* – revelam um pensador intuicionista, capaz de dirigir o impulso de toda a ciência a uma meta transcendente, que dá precisamente sentido ao diálogo *De Musica* na atmosfera intelectual de Cassicíaco (Cilleruelo, 1988, p. 50).

O pensamento central e absolutamente imprescindível do *De musica* foi a ascensão ao conhecimento de Deus e Sua presença no mundo, que elaborou de forma técnica nos cinco primeiros livros, abordando conhecimentos específicos sobre o ritmo, o metro e o verso e culminando no sexto livro para a concepção de Deus.

---

1 O termo técnico *Música* designava, na Antigüidade, o âmbito de três artes do movimento: a palavra, o canto e a dança. Apesar de Agostinho fazer citações relativas à dança e ao canto, a obra que nos chegou traz somente a palavra poética em sua configuração de metros e versos. Provavelmente, outros seis livros sobre melodia e canto, pertencentes ao projeto inicial de Santo Agostinho, acham-se definitivamente perdidos, como atestou seu amigo Memorio.

Deve-se sempre ter em mente que Agostinho foi um dos realizadores mais bem-sucedidos da síntese realizada entre a tradição grega e as exigências da doutrina cristã. Nessa síntese, a figura de Platão foi de extraordinária relevância nas elaborações realizadas por ele, principalmente no que diz respeito à concepção platônica dos números, especialmente os números ideais, tidos como eternos, subsistentes, de natureza idêntica à das idéias.

Agostinho reapresentou o mundo platônico das idéias, inovando-o com a figura exponencial do cristianismo, no Livro VI do *De Musica*: Deus, fonte e lugar dos números eternos.

Outro aspecto essencial, vindo de Platão e utilizado por Agostinho, foi a ruptura entre conhecimento intelectivo e conhecimento sensitivo, refletido na própria natureza do homem, entre a alma e o corpo. A superioridade da alma sobre o corpo apareceu diversas vezes no *De Musica* e nas *Confissões*.

Platão, que definiu a arte como um "divino entusiasmo" e como fruto do amor que impele a alma para a imortalidade, esta geradora e procriadora do belo, influenciou Agostinho, quando de sua concepção de música estar em harmonia com o amor dedicado a Deus, beleza terrena a caminho da Beleza Suprema e Criadora. A música, assim elaborada, ascenderia a Deus e, presente Nele, liberta de toda forma corpórea, estabeleceria morada celeste.

Seis séculos após o aparecimento de Platão, um neoplatônico, Plotino, realizou uma síntese do pensamento filosófico grego com o pensamento religioso e, apesar de ter se baseado nas religiões pagãs orientais, assegurou uma providencial interpretação da realidade, entendendo-a proceder de apenas uma raiz divina, desfazendo o pluralismo platônico. Exatamente esta concepção plotiniana foi posta a serviço do cristianismo, numa reelaboração de Santo Agostinho: o Uno de Plotino sofreu uma identificação cada vez maior com o Deus cristão.

Ainda, Agostinho recebeu da herança plotiniana um especial cuidado com relação à música, concebida como um dos meios de retornar ao Uno. Ela foi percebida como tendo em si a capacidade de transportar o homem da harmonia sensível à harmonia inteligível e, finalmente ao Uno, fonte universal de toda harmonia; aí está a segunda parte do Livro VI do *De Musica*: Deus, fonte e origem das harmonias eternas.

O diálogo *De Musica* procurou construir uma doutrina racional e ao mesmo tempo mística sobre Deus e a alma; revelou um pensador com profundas intuições de conduzir a ciência a uma aspiração ascendente.

Ateve-se ao estudo do ritmo da palavra, organizado na poesia grega e latina, em pés métricos. Como entender essa organização? Se tomarmos a nossa concepção moderna, a música é realizada por uma sucessão de sons que transmitem a sensação de movimento; se pensarmos em um movimento ordenado, encontramos o ritmo. Pois bem, dentro desse movimento ordenado há "células" ou "motivos", que são os elementos primários da composição musical; os pés, portanto, têm semelhança com os motivos, tanto nas suas pequenas ações de impulso quanto nas de repouso. Esta é a parte estritamente "contável", racionalizável da música, do verso.

Caminho inteligente, traçado por Agostinho, pois cuidadosamente separou essa música racional, uma ciência nobre, da pura imitação e virtuosidade da música dita vulgar. Essa separação encontrou eco na pregação agostiniana, de tendência platônica, a moderar o prazer sensível.

Racionalizar a música, entendê-la como conhecimento matemático, através dos números, afastou-a dos prazeres carnais e mundanos, para os quais ela era amplamente utilizada nesse período de decadência dos costumes e hábitos do Império Romano. Analisar e sempre analisar metricamente foi a postura do entendimento, mas também de controle das sensações prazerosas duramente combatidas pelo cristianismo, frente às atitudes pagãs daquela época.

Agostinho destacou-se nesse diálogo por ter efetivamente realizado análises tão racionais, apesar de sempre estar na busca de uma fundamentação filosófica de toda essa teoria métrica. Grande e especial contribuição que o diferenciou de tratadistas anteriores e contemporâneos.

No Livro VI, ofereceu-nos uma original teoria sobre o conhecimento sensível, graficamente exposta por Davenson (1942, p. 52).

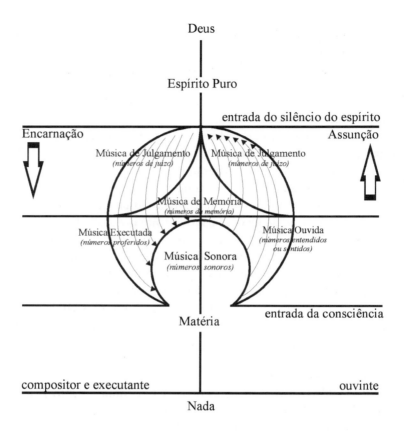

É importante salientar que, no século IV, ocorreu um momento particular da música nas celebrações litúrgicas. Por um lado, o latim estava se estruturando como língua da Igreja e, por outro, a elaboração musical foi posta a serviço da palavra, essencialmente ligada ao cristianismo. Portanto, uma nova língua e, conseqüentemente, uma nova cultura e o início de um processo histórico de ordenação, fixação e metodização do canto litúrgico na igreja foram se efetivando à época de Santo Agostinho.

A concepção do cristianismo de que as boas obras seriam recompensadas "mais adiante", um privilégio transcendente, ajudou os fiéis a se manterem pacientes e dóceis nesta vida. A música, mais do que nunca, foi um dos pilares na sustentação desta fé.

Por outro lado, Agostinho concebeu-a como imitação, uma imagem da beleza espiritual, simultaneamente anterior e superior àquela música sensível e sonora, postura assumida anteriormente por Plotino. Sua verdadeira existência transcendeu o humano e vinculou-se à natureza espiritual.

Frutos desse pensamento, a sensação e a memória integraram a alma e, mais ainda, houve um avanço quando do entendimento de que o corpo exerceria sua ação sobre a alma neste particular da percepção da música sonora.

Elaborou uma ponte entre o grau de existência dessa música interior e o fenômeno do reconhecimento: "reconheço apenas o que já existia em mim". Memória, música interior e reconhecimento, elos encadeados na justificação dessa música de julgamento. E, mais, essa música racional vinculada às leis matemáticas, é preciso não esquecer.

A participação da música na inteligibilidade do número trazia uma beleza, porém era drástica essa redução, oferecida pelo bispo de Hipona que, magistralmente a reelaborou-a no final do *De Musica*, quando assumiu que ela poderia participar da glória dos corpos após a ressurreição.

Admiravelmente, mais uma vez, o cristianismo conseguiu redimensionar as influências platônicas de Agostinho. Se a redução anterior era própria dos filósofos, ele rompeu essas algemas com um profundo sentimento de crença em Deus.

Esteve presente em Agostinho outro referencial de tradição platônica: o caminho ascendente baseado nos graus de beleza. O que quer dizer isso?

Se admiramos o belo, quanto mais belo deve ser o Criador do Belo! Deus-Beleza Suprema tornou-se o ápice na noção de ordem, juntamente com a dialética do amor.

Distinção fundamental na concepção de música foi apontada quando Santo Agostinho concebeu-a como instrumento para chegar à sua meta, exposta pela palavra *uti* (utilizar) diferentemente da palavra *frui* (desfrutar). A música agostiniana apresenta-se participando da realidade própria de Deus e, mais, por meio dela somos conduzidos na nossa peregrinação em direção a Deus.

A imagem poderosa de Deus deu-se por meio de uma apropriação dos números ideais platônicos, eternos e, por Agostinho, na sua elaboração cristã, como indo ter diretamente a Deus. Agostinho possuía uma paixão pela música, pela sua capacidade inata de emocionar e fazer pulsar um sentimento puro e um abrandamento de emoções que desembocava num grande e amplo desejo de Deus.

A música foi concebida pelo bispo de Hipona como a ciência de modular bem e, portanto, uma ciência nobre, categoricamente colocada como fruto da razão, com acentuada diferença da música vulgar. Essa conceituação da música como ciência – conhecimento matemático – deixou clara a preocupação de Agostinho, com fortes tendências platônicas, a moderar o prazer sensível e a elevar o homem ao mundo inteligível. A apalpabilidade e consistência das palavras transformadas em ritmos tornavam-se passíveis de análises racionais, na tentativa de convencer os mais incrédulos das verdades eternas.

Estabeleceu-se, no diálogo, uma grande quantidade de regras racionais para a combinação rítmica das palavras e versos; entretanto, a inquietação agostiniana dizia respeito ao ritmo universal e ordenador de todas as coisas.

Agostinho manteve-se ligado à realidade musical, transportando-a com delicadeza para um mundo invisível, silencioso, imóvel e imutável, chamado por Platão de inteligível, e, para os cristãos, um mundo pertencente a Deus.

O músico, na concepção agostiniana, era um organizador da linguagem sonora, elaborador de signos, um escultor de sua própria imagem sonora interior, um veículo da voz do silêncio, morador de sua alma. Essas imagens podem definir bem a relação de valor que foi estabelecida por Santo Agostinho no final de seu tratado, vigorosamente influenciado pelo cristianismo: o homem como um corpo ligado à alma em busca da eternidade.

De grande significação foi a postura de Agostinho em suas *Retratações*, ao se referir à possibilidade de que, após a ressurreição, não haveria mais música sensível, mas sim sua salvação e transfiguração, juntamente com os corpos. Reduzir, pois, a música às matemáticas foi um esforço vão de convencimento dos pagãos, incrédulos da possibilidade de interferência divina em suas vidas.

Cuidadosamente, o amor à música fez notar em Santo Agostinho pois, para ele "não é preciso então amar a música como se, exaurindo-se no regozijo, se poderia, substituir Deus, encontrar nela, para sempre, a Felicidade" (*De musica*, 2,14,46). Concepção rica e precisa da música como um vestígio divino.

A compreensão da concepção da música agostiniana poderia encontrar outro referencial de significativo valor quanto à noção de ordem, elaborada pelo bispo de Hipona. Era uma visão hierárquica do mundo e do universo, estabelecida por ele, numa sucessão de realidades escalonadas.

a idéia de ordem pareceu-lhe merecer que lhe consagrasse um dos diálogos de Cassiciacum, o *De Ordine*. A primeira qualidade da ordem cósmica é sua totalidade, entendida num duplo sentido: de uma parte, não há nada fora do mundo, que é o todo; de outra parte, no interior do mundo, isto é, do todo, não há nada que escape à ordem (Pépin, 1974, p. 78).

Essa visão de mundo foi repetida por toda a tradição platônica, e Santo Agostinho ateve-se a ela principalmente quando da elaboração do *De Ordine*, graduando as ciências cada vez mais puras: gramática, dialética, retórica, música que conduzia do som sensível aos ritmos que os estruturavam, depois aos números eternos que eram o substrato inteligível; geometria, astronomia e filosofia.

Conforme a uma tradição filosófica que remonta ao *Fedro* e ao *Banquete* platônicos, a dialética ascendente apóia-se muitas vezes em Agostinho nos graus da beleza: o esplendor da terra e do céu pode suscitar nossa admiração e nosso louvor, mas não deve deter nossa sede, que só se pode satisfazer com o Criador (*Sermões sobre os Salmos*, 41,7). [...] Que o prazer que tiras do que foi feito não te afaste, portanto, daquele que o fez; mas se amas o que foi feito, ama muito mais aquele que o fez. Se aquilo que foi feito é belo, como é mais belo aquele que o fez! (*Ibid.*, 148, 15).

[...] Porém, mais ainda do que a beleza do universo físico, é a dos corpos humanos e das almas que nos atrai; por isso é preciso fazer com que nosso amor remonte até aquele que é seu artesão. [...] A dialética da beleza confunde-se com a do amor. Ora, há uma ordem do amor (Pépin, 1974, p. 88).

O amor em Deus foi, repetidas vezes, entoado por Santo Agostinho, num refrão que o guiou em sua longa caminhada, juntamente com sua concepção de Deus – Beleza Suprema:

Se te agradam os corpos, louva neles a Deus e retribui o teu amor ao divino Artista para Lhe não desagradares nas coisas que te agradam.
Se te agradam as almas, ama-as em Deus porque são também mutáveis, e só fixas n'Ele encontram estabilidade. Doutro modo passariam e morreriam.
Ama-as portanto n'Ele, arrebata-Lhe contigo todas as que puderes e dize-lhes: "Amemo-Lo". Ele, que não está longe, foi criador destas coisas. Não as fez para depois as deixar, mas d'Ele vêm e n'Ele estão. Ele está onde se saboreia a Verdade [...]
Amamos nós alguma coisa que não seja o belo? Que é o belo, por conseguinte? Que é a beleza? [...]
Essas considerações borbulhavam no meu espírito desde o fundo do coração. Escrevi, por isso, os tratados *De Pulchro et Apto*, creio que em dois ou três livros. Vós o sabeis, meu Deus. Eu já me esqueci. Já os não possuo. Desapareceram-me, não sei como (Agostinho, 1973, p. 81-2).

O tratado *De Pulchro et Apto* (*Do belo e do conveniente*) foi o primeiro livro do bispo de Hipona, escrito em 380. A elaboração agostiniana posterior à perda desse tratado foi a de que amamos somente o que é belo, e uma espécie de relação vital ficou estabelecida entre beleza e amor, num vínculo profundo, gerador de expressivas abordagens realizadas pelo Hiponse.

Inserida em uma outra fundamentação, encontra-se uma preocupação a respeito da utilização da música em nossas vidas e seu papel na ascensão até Deus.

O que importa de fato definir é menos a música propriamente dita do que a maneira de se servir dela, *uti*, τοχαταχρησθαι. [...]
É preciso portanto descobrir e aprender o que a música pode ter por fazer conosco, homens, qual uso legítimo a lhe atribuir [...]
Importante é situá-la em seu lugar numa ordem relativa ao homem; inseri-la no Ser não basta, porque a música, como aliás todo ser, na medida em que ela é, participa da dignidade de criatura e de emancipação de Deus, e como tal é um bem [...]
A questão de fato pode, e deve, ser posta agora em termos mais concretos: o único problema é evidentemente saber ser, e como, a música pode se integrar à nossa vida espiritual e representar um papel na ascensão da alma em direção à perfeição interior. Eu sou um homem, quero dizer, uma alma orientada para Deus: o que me importa a música se eu não consigo integrá-la à única coisa necessária? (Davenson, 1942, p. 87-8).

A apresentação de um expressivo contraponto ao grande tema abordado pelo Hiponse, em sua concepção de música e de Deus, foi realizada num esmerado trabalho de Davenson, com a elaboração de uma doutrina teológica, na tentativa de recolocar a música na escala de valores humanos. A perspectiva desse autor foi, ainda, determinar a eficácia e legitimidade do papel da música na hierarquia humana.

O ensinamento de Santo Agostinho, interpretado na luz do desenvolvimento ulterior da espiritualidade cristã, nos permitirá despreender uma tal doutrina, que virá a se localizar, ápice extremo e luminoso entre dois abismos, entre dois erros opostos: para uns, a música basta a tudo; ela é, senão o Valor supremo, ao menos uma revelação imediata do Absoluto, e um meio seguro de chegar até ele. Para outros, ao contrário, ela não serve para nada: vanidade pura, brincadeira sem substância, ela se situa numa zona superficial do divertimento (Davenson, 1942, p. 89).

A primeira dessas perspectivas foi denominada de "romântica" e apareceu como um esforço para achar na música um equivalente verdadeiro da experiência mística. A emoção artística era inter-

96 Sonia Albano de Lima

pretada e conscientemente explorada como uma revelação, um toque do Absoluto.

É natural que o artista tenha dele próprio e de sua arte uma idéia bem alta; mas que ele tome a precaução de não fazer dele um ídolo, e dele mesmo um escultor de falsos deuses, como ele escreveu: Tu não terás outro deus diante de minha Face, tu não farás ídolos, tu não te prosternarás diante dele, porque eu, Yahweh, porque eu sou um Deus ciumento (Ex., 20, 3-5; Deut., 5, 7-9).

A beleza, a arte – a música ameaça a todo instante de se tornar uma ídola, se a alma deixa por demais amá-la, para ela prolongar aí sua estada, para gozar, ao invés de se servir dela somente como um degrau para subir mais além. Não é preciso então amar a música como se, exaurindo-se no regozijo, se poderia substituir Deus, encontrar nela, para sempre, a Felicidade (*De Musica*, 6, 14,46) (Davenson, 1942, p. 92).

Por outro lado, a arte apresentada como algo não sério e o artista concebendo-se como um fenômeno fatal e inconseqüente teve suas raízes na chamada concepção islâmica, assim denominada por Davenson. A música buscou romper seu laço essencial com o homem: elaborou-se uma música objetiva, pura, despojada de tudo, principalmente da beleza e da capacidade emotiva intrínsecas ao seu valor. A quebra da interação entre homem e música mostrou uma não música que não servia a nada: era apenas um agregado de notas sem rumo e apenas com efeitos.

Entre esses dois abismos, citados por Davenson, a proposta cristã permanece com um valor inegável, com fidelidade à boa nova, onde aprendemos a melhor interrogar o mundo e a música e nela, como em tudo, a reencontrar os vestígios de Deus.

Exatamente nessa elaboração a respeito dos vestígios divinos Santo Agostinho escreveu em vários momentos de suas *Confissões* a crença de que Deus tudo penetra e nele todas as coisas poderão ter esclarecimento.

Vós, Senhor, podeis julgar-me, porque ninguém "conhece o que se passa num homem, senão o seu espírito, que nele reside". Há, porém, coisas no homem que nem sequer o espírito que nele habita conhece. Mas Vós, Senhor, que o criastes, sabeis todas as suas coisas [...] Confessarei, pois, o que sei de mim, e confessarei também o que de mim ignoro, pois o que sei de mim, só o sei porque Vós me iluminais; e o que ignoro, ignorá-lo-ei somente enquanto as minhas trevas se não transformarem em meio-dia, na vossa presença (Agostinho, 1973, p. 197-8).

Ainda em relação aos vestígios da Sabedoria, o bispo de Hipona escreveu, em sua obra *De libero arbitrio* (395), sobre a organização dos bens nesta terra, incluindo a música como uma opção dentro dos bens autênticos e reais. A posição de Agostinho foi firme ao tratar da liberdade individual e das conseqüências das escolhas assumidas pela vontade livre de cada ser humano.

Nós organizaremos a música pelo número dos bens cuja Bondade divina quis que nos fosse permitido reunir desde esta terra; bens autênticos e reais, cuja beleza reluzente sobre a via tenebrosa que é nossa peregrinação em direção a Deus; dons inestimáveis que estes vestígios da Sabedoria dada, e por eles mesmos, e pelo fruto nós colhemos disto, se todavia sabemos como utilizar.

Pois bem entendido tudo depende de nós e do uso que nossa liberdade escolherá: é preciso lastimar este que abandona o caminho correto e se desgarra nestes vestígios de Deus, pretendendo amá-los por eles mesmos, assim como é preciso amá-los apenas por Ele, e fazer uso disto apenas para se aproximar Dele (Davenson, 1942, p. 112-3).

A proposta de Davenson para a relação entre música e vida espiritual ganhou uma justificativa baseada não apenas na vida dos santos, em especial de São Francisco de Assis, que seria excepcional, mas ele a elaborou como fruto da vivência humana e normal, apoiada na própria natureza da música e de seus efeitos sobre a alma:

Eu mostrarei que a música arrasta a consciência para fora do terreno da experiência comum, a esvazia de seu conteúdo habitual e conduz desta maneira a um estado de silêncio interior. Faz-se necessário insistir: eu mostrarei na música a semeadura do Silêncio, uma técnica de desnudamento e de purificação interior e assim, para a alma suficientemente preparada, um meio de ascese, de introdução à contemplação [...]

A música [...] fala para cada um uma língua ao seu nível: decorativa e vã para os mundanos, sensual para os carnais; estes que não têm nada, ela os deixa nus, e os abandona "ao próprio prejuízo deles"; para os espirituais únicos ela se torna espírito.

Para que ela possa se desabrochar neste degrau superior, lhe é preciso uma alma já pacificada onde reina um mínimo de liberdade com respeito a paixões, de capacidade de atenção, de profundeza. Mesmo isto não basta, se não se une a isto a colaboração de uma vontade, de um esforço consciente voltado para a conquista [...] a música não é sensação pura [...], ela não é um Dom vindo de fora, mas ao certo um fruto de uma elaboração interior que implica a prática de toda capacidade criadora da alma (Davenson, 1942, p. 114-21).

Nessa postura, a música apresentou-se como uma técnica auxiliar de vida interior, um meio de fazer reinar em nós a calma e a tranqüilidade, necessárias à contemplação e também à oração.

A experiência musical não se reduzia apenas como um benefício ao realizar a libertação e o apaziguamento da carne, mas trazia consigo alguma coisa mais positiva, mesmo provisória, ao conduzir a uma experiência mais elevada.

O amor da música, como todo amor real, é extático: ele não tolera que este que ama se demore nele mesmo, comprazendo-se em si; o força a sair dele para uni-lo à coisa amada. Por ela ser uma beleza espiritual, a música participa da realidade própria de Deus: estes que são penetrados por seu esplendor se tornam belos, como o alpinista que escala um rochedo inundado de luz é também banhado por esta luz, e são unidos a Deus silenciosamente presente no seio desta beleza.

É Plotino já que fala desta maneira (Enn., 5,8, 10), o quanto a alma cristã se sente à vontade ao retomar estas palavras dando-lhes todo seu peso e todo seu sentido: nós somos conduzidos a Deus através da suavidade destes dons. A música possui em seu ser mesmo uma dignidade própria: é este eco do festival eterno, dos coros celestes que, percebido dentro da alma pela orelha mais secreta, nos arrasta por sua volúpia ao passo que nós peregrinamos através da nossa permanência terrestre, esta tenda; conquistados pela sua doçura, nós seguimos, confiantes, e somos conduzidos por ela até a soleira da casa de Deus (Agos., *Enarr. in Ps.*, 41,6) (Davenson, 1942, p. 132).

A organização do presente trabalho girou, por um lado, em torno da questão do autor – a ascensão a Deus; por outro lado, quis refletir a ausência de unidade da obra agostiniana, que apresenta, por esses motivos, uma riqueza e beleza admiráveis.

Decididamente, foi o *De Musica* uma predileção de Santo Agostinho na sua ininterrupta indagação acerca de Deus. Elaborou a música em perfeita congruência com o amor a Ele devotado e instituiu um harmonioso vínculo entre a beleza sensível e a Beleza Suprema.

REFERÊNCIAS BIBLIOGRÁFICAS

AGOSTINHO, Aurelio. *Confissões*. São Paulo: Abril, 1973. 316p. (Os Pensadores, 6).
_____. *De Musica*. Madri: Biblioteca de Autores Cristianos, 1988. v. XXXIX, p. 49-361.
CILLERUELLO, Lope et. al. *Obras completas de San Agustín*. Madri: Biblioteca de Autores Cristianos, 1988, v. XXXIX.
DAVENSON, Henri. *Traité de la musique selon l'esprit de Saint Augustin*. Neuchatel: Éditions de La Baconnière, 1942. 189p.
FUCCI AMATO, R. C. *Santo Agostinho*: "De Musica". São Carlos, SP. 1999. 115 p. Dissertação (Mestrado em Educação). Universidade Federal de São Carlos.
PÉPIN, Jean. Santo Agostinho e a Patrística Ocidental. In: CHÂTELET, F. *A filosofia medieval: do século I ao século XV*. Rio de Janeiro: Zahar, 1974. v. II, p. 73-95.

RITA DE CÁSSIA FUCCI AMATO é bacharel em música com habilitação em regência pela Universidade Estadual de Campinas – Unicamp, especialista em fonoaudiologia pela Federal de São Paulo – EPM/Unifesp, mestre e doutora em educação pela Universidade Federal de São Carlos – UFSCar. Aperfeiçoou-se com o maestro Lutero Rodrigues e realizou cursos com os maestros Jamil

Maluf e Roberto Martins. Recebeu orientação vocal da renomada professora Leilah Farah. Integrou o Madrigal da Universidade de São Paulo, o Madrigal Klaus-Dieter Wolff e o Movimento Lírico Jovem de Campinas – Ópera Stúdio. Foi assistente do Coral da UFSCar. Ministrou cursos em diversos seminários de regência coral e música, foi professora convidada da UFSCar e da Unifesp, tendo atuado, na última, como pesquisadora nas áreas de fonoaudiologia e pneumologia. Presentemente, é professora titular (doutora) da Faculdade de Música Carlos Gomes – FMCG, onde ministra disciplinas nos cursos de graduação (Fisiologia da Voz, Prática Coral e Regência Coral) e pós-graduação *lato sensu* (regência coral: tópicos especiais).

❀ MÚSICA – UM DOS INSTRUMENTOS DA MAGIA

Niomar Souza

Pretende-se aqui reunir opiniões de especialistas para compreender o exercício da música como instrumento da magia, sua eficiência na produção de efeitos variados e o poder extraordinário do canto ritual – prática antiga persistente nos dias atuais, como nos casos de "benzedeiras" e "rezadores" (com cantilenas curam doenças e afastam cobras, por exemplo), cantos de "pedir chuva" ou de "parar chuva", cantos "para a lua" (razões de amor) e tantos outros.

Quatro livros dão suporte às reflexões. A obra de apoio é *La Musique et la Magie*, de Jules Combarieu (1978); as demais são *Antropologia Estrutural*, de Claude Lévi-Strauss (1967); *Mito e Realidade*, de Mircea Eliade (1991); e *Música e Feitiçaria no Brasil*, de Mário de Andrade (1993).

O livro de Jules Combarieu é um resumo de curso ministrado no Collège de France de 1906 a 1908, objetivando chegar ao conhecimento da verdade por meio da observação. O autor reuniu abundante documentação dos mais diversos países, que lhe permitiu compreender a gênese e a evolução do que chamou artes do ritmo. Para chegar à síntese, pesquisou países onde havia a possibilidade de resenhar a música etnológica, seja nos documentos antigos, seja na tradição do folclore.

Estudando as diferentes funções da música nas sociedades humanas, em suas relações com a magia, os espíritos e os ritos de encantamento, desde a mais remota Antiguidade, viajou pelas culturas egípcia, chinesa, hindu, oriental, africana, grega, latina, mexicana, indígena da América do Norte e da Central. Mergulhou nos mistérios sobrenaturais da música com poderes sobre os fenômenos da natureza, no canto mágico que interfere nos acontecimentos naturais da vida humana, na música de encantamento específica para interagir com o amor, no canto extraordinário dos xamãs (os *medicine-men*) capacitado para a cura, na música maldita empregada para causar o mal.

Combarieu chegou à seguinte constatação: *"Le chant profane vient du chant religieux; le chant religieux vient du chant magique"* (Combarieu, 1974, p.9)[1].

Lévi-Strauss analisa o que define como o primeiro grande texto mágico-religioso conhecido: a publicação de Nils Holmer e Henry Wassen[2], na qual é apresentado um caso de cura xamanística com utilização de canto mágico entre índios Cuna, do Panamá[3]. O canto induz o paciente a crer na transferência da realidade física – a doença, para o mito – o processo de cura. O corpo e os órgãos doentes constituem o espaço cênico.

Mircea Eliade aborda, entre outras, a questão da serventia dos mitos nos rituais terapêuticos, destacando a importância dos mitos de origem, tanto da doença e do remédio como da cosmogonia, em processos nos quais a música é utilizada.

Mário de Andrade narra uma pesquisa sobre catimbó, pajelança, candomblé e macumba realizada no Nordeste, no final da década de 20, na qual afirma que a música e a feitiçaria sempre estiveram ligadas. Ele lembra Combarieu que, em sua obra *História da música*, despreza o esclarecimento técnico dos cientistas para a origem dos sons musicais, do ritmo, dos instrumentos, atribuindo a gênese da arte da música à magia.

Mário de Andrade confessa não endossar radicalmente essa tese, mas admite que ela reforça a idéia de que a música é "parceira instintiva, imediata e necessária" das práticas da magia universal, tanto das mais rudimentares quanto das mais sofisticadas (Andrade, 1993, p. 23).

Como o universo da música de encantamento acha-se quase todo inserido no campo do folclore, faz-se necessário esclarecer quais as bases teóricas que norteiam este trabalho.

Para Rossini Tavares de Lima (1985), folclore é a ciência que estuda a cultura espontânea da sociedade histórica ou letrada. Tal

---

1 Tradução da autora: "O canto profano vem do canto religioso; o canto religioso vem do canto mágico".
2 Possivelmente, etnólogos; não há esclarecimentos sobre eles.
3 O título original é *Mu-Igala or The way of Muu, a medicine song from Cunas of Panama*.

cultura, também chamada folclore, é espontânea no critério da aprendizagem e transmissão, que ocorrem por imitação e condicionamento inconsciente, na interação social. Tem para caracterizá-la a aceitação espontânea da coletividade.

Renato Almeida (1974) informa que o fato folclórico caracteriza-se pela espontaneidade e poder de motivação sobre uma coletividade, sem sofrer a influência direta de instituições da cultura erudita ou das massas. É expressão da experiência peculiar de vida da coletividade, vivida e revivida, inspirando e orientando comportamentos, em constante reatualização. Por essa razão, o fator tradição só pode ser compreendido como experiência humana que vai do passado ao futuro e está sempre presente, atual e vivo, em um elo de continuidade. Sendo uma experiência peculiar da vida de uma coletividade, independe da ciência, das artes, da moda, da tecnologia, mesmo que delas sofra influências. É um saber popular (*folk* – povo, *lore* – saber) cujo conhecimento é totalmente empírico.

São fatos vivos e em perpétua transformação, ligados ao passado, adaptando-se continuamente ao presente e cumprindo sempre o seu destino de atender a necessidades mágicas, religiosas, artísticas, econômicas, médico-sociais, lúdicas etc., dos seus portadores. Seu caráter é persistir, modifica-se sem cessar, faz empréstimos e trocas, ajusta-se, transmuda-se para sobreviver e traz consigo resíduos imemoriais das forças primitivas, terror, magia, superstição, em cujo meio se precipitam essências imanentes da sabedoria humana (Almeida, 1974, p. 43).

Particularizando a música folclórica, que obviamente está contida no que foi exposto anteriormente, considerem-se proposições do etnomusicólogo Bruno Nettl, segundo as quais a música folclórica é própria das culturas nas quais convive com a tradição musical "urbana, profesional y cultivada... a música culta o clásica" (Nettl, 1985, p.11). Recebe também influência dos meios de comunicação social-urbanos. A música folclórica é praticada por pessoas que não são músicos profissionais e constitui patrimônio do grupo social que a compreende e dela pode participar livremente. Sua existência está ligada à tradição oral, pois sua transmissão é à viva voz. A aprendizagem depende do ouvido e se dá por observação e imitação (mesmo processo utilizado na construção e interpretação dos instrumentos).

Ora, a música escrita vislumbra a possibilidade de não ser interpretada durante sua criação e depois de alguns séculos ser descoberta e recuperada. Já uma composição que não recebe grafia musical tem necessidade de ser cantada, lembrada e relembrada para se perpetuar, caso contrário cai no esquecimento e acaba por desaparecer. Assim sendo, ela deve ser de alguma maneira representativa do gosto musical e das preferências estéticas daqueles que a conhecem e praticam.

No artigo *A música dos instrumentos (1996)* eu revelo o fato de que a música folclórica é criada ou recriada informalmente, com funções específicas para o grupo social, e, não sendo comumente escrita, dá origem a variantes melódicas, rítmicas, harmônicas. Não se conhece a forma original de grande parte dela. Pode vir de antigas tradições, importando conceitos e interpretações inconscientes de fundamentos arcaicos, ou ter origem recente e fontes conhecidas. Em qualquer um dos casos, como expressão de folclore, tem história que garante mecanismos de evolução, aceita alterações e renovação de repertório, que são decorrentes da inevitável criatividade humana – em última análise, responsável pelo seu dinamismo.

Combarieu – a música como instrumento da magia

Combarieu dá início a seu estudo com uma inquietação: de onde vem e como se forma esse universo musical que responde por uma presença tão forte na história do desenvolvimento cultural do homem?

Sabe-se que o primeiro emprego da música foi utilitário, como instrumento destinado a cumprir funções, as mais variadas, tanto nas sociedades primitivas como nas primeiras grandes civilizações. Antes de ser arte considerada luxo, a música teve de assegurar sua sobrevivência, manifestando-se no cumprimento de um papel útil e necessário para o grupo social. Ela não era um fim, mas um meio.

Um desses papéis concretizava-se nos cantos de sortilégio que tinham aplicação quase universal em todas as circunstâncias da vida primitiva.

A propósito, Combarieu estuda a ligação da doutrina sobre o *ethos* dos modos, como acreditavam os gregos, com a magia. Ele diz que a história da música e o testemunho dos teóricos comprovam ser impossível atribuir um *ethos* a cada um dos modos, somente pela sua expressão sonora. É preciso ter em conta primeiro o movimento, o ritmo, o timbre e a intensidade, isto é, todos os elementos que constituem a verdadeira expressão de uma melodia. Além disso, as opiniões são contraditórias mesmo entre os sábios gregos. No caso do modo mais importante, o dórico (o original grego, de mi a mi descendente), Heráclides Pôntico dizia ser ele sombrio, desprovido de alegria. Já Platão e Aristóteles consideravam marcial esse modo viril. Mas, dependendo do ritmo, timbre, movimento melódico, ele podia ser efeminado. O lendário modo frígio, que se opunha ao nacional dórico, na opinião de Aristóteles produzia entusiasmo[4]. Plutarco dizia que Platão e os estóicos consideravam a adivinhação como resultado de uma inspiração divina e por isso a chamavam de entusiasmo. Segundo o autor: "A distinção de melodias, sob o ponto de vista de sua organização intrínseca e de seu ethos, é uma conseqüência da distinção dos atos de magia" (Combarieu, 1978, p. 228). Eventualmente, tais melodias poderiam se distinguir umas das outras pela escolha da nota inicial. Era um recurso instintivo: alterar a altura quando se queria mudar o caráter do canto. Muito mais tarde, a estrutura dessas melodias, absorvidas pelos teóricos, pode ter originado esquemas a que deram o nome de modos: "Por um efeito compreensível da tradição, os filósofos continuaram a atribuir ao uso dos modos o poder expressivo e eficaz que de início tinham atribuído às melodias usadas nos rituais de magia" (Combarieu, 1978, p. 233).

Com o progresso da ciência dominando a magia musical, os filósofos – vítimas de uma ilusão sobre a origem verdadeira de suas próprias idéias – passaram a considerá-la fundamentada na natureza e

---

4 A palavra entusiasmo, *enthousiaste*, significa "que tem um deus em si", vale dizer, "um possuído" (Combarieu, 1978, p. 231).

na razão. Na verdade, os pilares de seus fundamentos estavam plantados nas primitivas receitas de feitiçaria. É a elas que se referem os gregos e teóricos da Idade Média quando falam do *ethos* dos modos.

O autor faz as seguintes considerações: os gregos, apesar da importância que deram aos modos, não explicaram a sua significação por razões musicais e artísticas, e as contradições, no decorrer dos séculos, dão prova disso; o *ethos* desses modos é um legado dos rituais mágicos; a Idade Média e a Renascença tiveram os modos gregos como suporte de sua música. Os dois modos que passaram a ser usados referem-se a eles, isto é, os resumem. Apesar de todas as transformações das idéias, com o passar do tempo, ainda permanece a continuidade entre as origens do canto, a magia e o sistema musical contemporâneo.

Teoria da imitação

Uma das leis da magia é que ela está fundamentada na imitação. O agente atua sobre o semelhante por meio do semelhante (Combarieu, 1978, p. 13). O caçador primitivo desenha nas paredes da caverna o animal a ser abatido para sua alimentação. Com a mesma finalidade, há as danças miméticas, que são como um desenho ou uma escultura em movimento. Elas têm por objetivo a obtenção de um poder mágico sobre a caça, cujos movimentos imitam. É uma espécie de magia homeopática que confere poderes sobrenaturais sobre um objeto por meio da imitação desse objeto. Mesmo quando a dança se torna um espetáculo sem fins de sortilégio, desvinculada dos rituais mágicos, ela guarda elementos imitativos, pois o dançarino é um mímico por excelência. Ele imita não somente pela cor e desenho, mas também pela voz, palavra, ritmo e música.

É um preceito antigo, admitido de maneira genérica, que a música expressa, imita sentimentos e emoções. Ainda hoje, quase todos os esteticistas concordam em admitir que, se a música é impotente para reproduzir linhas, relevos, cores de objetos, ela se excede ao exprimir alegrias, tristezas, amor e ódio etc., ou seja, estados afetivos da alma.

O primitivo faz música, em sua essência, mimética: suas melodias são como gestos vocais. Os ritmos que cria são motivados pelos movimentos que observa. Imitam a explosão da cólera, a rapidez do relâmpago, o despencar da chuva, e outros, com simples instrumentos musicais. Ele não diferencia os fenômenos físicos da vida moral. Acredita que não há no mundo senão estados afetivos. Interpreta as experiências de acordo com seu pensamento, com o pensamento comum de sua comunidade e com o que vê em torno de si. Atribui uma alma ao mineral ou ao vegetal, um espírito próprio que tem uma vontade e uma sensibilidade iguais às do homem. Crê ser suscetível aos mesmos prazeres e sofrimentos, às mesmas alegrias e rancores, ao amor e ao ódio. Pode se acalmar ou se encolerizar, vencer ou ser vencido. Isso resulta que exprimir um sentimento ou a essência mesma do objeto material é a mesma coisa. Se a música traduz sentimentos elementares da vida interior, a natureza inteira é seu domínio. O músico primitivo canta ou representa diante de um mineral ou um vegetal, como se estivesse diante de uma pessoa, ou seja, o semelhante está em presença do semelhante.

A teoria da imitação é a repetição, sob forma racional e crítica, de formulações populares muito antigas, que dizem respeito ao sentido utilitário que os primitivos davam à música e que são provenientes da magia.

A pesquisa diacrônica dos fatos da magia levou Combarieu a afirmar que logrou entender a gênese da evolução da arte do ritmo, suas técnicas e funções nas sociedades humanas. O campo de conhecimento estendeu-se também à poesia lírica, à maioria dos sistemas estéticos pós-Pitágoras até Schopenhauer, à sistematização de cultos religiosos antes incompreensíveis, à maioria das doutrinas filosóficas como a teoria das idéias e dos números de Platão, assim como a teoria da imitação de Aristóteles, e à complicada linha divisória entre a crença nos espíritos e o racionalismo puro.

No caso da música, por intermédio do lirismo religioso, a música moderna vem da magia. O canto profano deriva do religioso e este, do canto mágico.

O significado da magia

A magia é um conjunto de práticas das quais o homem se vale para impor sua vontade à natureza e aos espíritos. Essa idéia de imposição, de constrangimento é essencial. A religião e a magia pressupõem a crença nos espíritos, mas em um tipo de relação diferente. Na religião, o homem dirige-se a um todo-poderoso, um ser superior, e implora seu auxílio. Os atos religiosos passam por sentimentos e intenções dos quais são os símbolos. Na magia, pelo contrário, o homem não pede, comanda. Pelos rituais, atitudes ou palavras, manipula os acontecimentos, impondo sua vontade.

Há na magia dois tipos de ritos: ritos manuais, que consistem em confeccionar imagens, fazer laços, nós, desenhar figuras, misturar ou queimar substâncias; e os ritos orais, que são os mais antigos. Sendo a voz instrumento natural, físico, com a qual o homem já nasce, o instinto é suficiente para seu uso. Mesmo no tempo em que os ritos manuais eram privilegiados, a voz era tida como mais poderosa que os filtros. Os ritos manuais eram considerados ineficazes se não contassem com o apoio das fórmulas vocais. Platão compartilhava dessa opinião, conforme afirma Combarieu.

Os ritos orais começam com o canto. As fórmulas mágicas são passadas para frases e evoluem primeiramente cantadas, depois recitadas, mais tarde escritas sobre algum objeto que pode se transformar em talismã.

Do músico-mágico

O mágico que canta não tem consciência do encantamento, conceito moderno inventado pelos estudiosos. Para ele, a magia musical é a sua ciência, tal como é ciência para os eruditos, o que lhe dá absoluta confiança em praticá-la. Seu mundo é repleto de espíritos, que acredita serem reais e disponíveis e aos quais recorre com toda a familiaridade quando pratica a cura de uma doença, muda um fenômeno da natureza ou caça um demônio. É completamente sincero e confiante. Ignora o nome e a forma do espírito em que crê (quando souber seu nome passará a ter sobre ele poderes consideráveis), mas tem a música como um meio seguro de comunicação, um *medium* entre ele e o espírito. O canto que produz efeito torna-se talismã para o resto da vida.

Efeitos diversos do encantamento por meio da música

Um dos empregos da música na feitiçaria, estudado por Combarieu, refere-se ao canto com poderes de prejudicar e causar a morte. Os primitivos usavam sons melódicos não só para estabelecer a harmonia do mundo, como também para satisfazer sentimentos de ódio e causar o mal até as últimas conseqüências, como faziam na China, Índia, entre os romanos, nas Américas.

Um canto homicida, reconhecido até no contexto cristão, tem comprovação por meio de uma notícia do Concílio de Colônia, de 1316, que proíbe, em todas as Igrejas submissas a ele, fazer imprecações (lançar pragas, maldições) e cantar a melodia *Media Vita* contra qualquer pessoa, salvo com autorização especial. É um interessante caso de um Concílio, autoridade cristã máxima na Idade Média, aceitando formalmente que há cantos com poderes para produzir até danos mortais. Mais ainda, a interdição pressupõe abusos e uso mal-intencionado de canto litúrgico que anteriormente já fora prática de magia musical. É uma prova de que cantos da Igreja, desvinculados de sua função primitiva, com novas palavras, adaptados, tinham, no fundo, uma popular música de magia.

A melodia citada, um dia atribuída a Balbulus Notker, é tida como uma das melodias mais bonitas feitas na Abadia de Saint-Gall. Era cantada com três versos na forma primitiva. Foi modificada de diversas maneiras, mas, na verdade, não deixa de ser oriunda da feitiçaria.

Há ainda levantamento de cantos para induzir a amnésia, causar efeitos sobre animais, sobre os astros, proporcionar ressurreição aos mortos, relacionamento com o diabo, assim como cantos específicos para propiciar o amor, curar doenças e outras funções.

O canto na função de curar doenças

Sobre o uso medicinal do encantamento por meio da música, sabe-se que a idéia dos primitivos, e não só deles, é que a morte é uma lei da vida. As causas, porém, são interpretadas de maneiras diferentes: a morte natural é causada por acidentes ou pela guerra; a morte por doença é atribuída à maldição dos espíritos. Um homem que sofra de dores nas entranhas ou dores na cabeça é um possuído: um demônio alojou-se nele. A arte de curar resume-se, então, à arte de caçar demônios. Por essa razão, era rara a administração de remédios, a não ser para os casos de feridas e doenças na pele.

Os gregos pensavam da mesma maneira quando diziam que uma doença era um mal sagrado. Os romanos também partilhavam da mesma idéia ao afirmar que a febre era filha de Saturno, erigindo um templo a Febre no Palatino.

O método da cura, isto é, de caça aos demônios, segue um caminho: primeiro, o condicionamento mágico pela música; depois, o feitiço é associado – em um processo duplo – aos primeiros passos da cirurgia e da terapêutica, cuja eficácia é considerada, graças à cantoria; em seguida, a fórmula mágica não é mais cantada, mas recitada; no final, cede lugar a outros meios, quando a medicina se liberta da magia e da religião e se torna um corpo independente de conhecimentos e práticas.

A África e o Oriente, visitados e estudados por Combarieu, mostraram a persistência no tratamento de doenças por meio da música. No Congo, por exemplo, o feiticeiro curador é habitualmente chamado a praticar sua função para caçar um espírito maligno no corpo de um doente. Diante do paciente, ele afugenta o mal, cantando e dançando durante dois dias. Toda a aldeia participa de uma cerimônia de exorcismo, com uma orquestra composta por dois gongos de madeira, um tambor de guerra e uma marimba. O feiticeiro canta estrofes que são respondidas em coro pelos assistentes. Depois de duas horas, o ritual termina quando o mágico dançador se sente exaurido. Em sua gesticulação, representa por vezes, a guerra, ou luta fervorosamente contra o inimigo; com lança na mão, simula ataque e defesa e, por fim, encena a morte do rival, culminando o ritual com o canto da vitória. Durante a cena, a música é lenta ou agitada, monótona ou variada, de acordo com o desenvolvimento do drama.

Curar uma doença é verdadeiramente enfrentar uma luta contra um espírito. O mesmo aspecto é enfocado por Lévi-Strauss, Mircea Eliade e Mário de Andrade.

Lévi-Strauss – Um canto narrativo conduzindo a cura

Lévi-Strauss analisa uma cura por meios psíquicos, na qual são invocadas determinadas representações psicológicas para combater perturbações fisiológicas. O xamã não toca no corpo e não ministra remédios aos pacientes, mas usa de um artifício peculiar: arquiteta um processo de mitos para produzir a cura. Por meio dele, chama a atenção direta e explícita para a origem do estado patológico, usando o canto – este é o veículo de uma manipulação psicológica do paciente que terá como resultado a cura.

O caso é de uma mulher que está em trabalho de parto não natural e para cujas complicações e dificuldades a parteira não é competente.

O canto é composto por 535 versículos. Começa historiando os acontecimentos que precederam o fato e fazendo referência à perplexidade da parteira pela sua incapacidade de solucionar o problema. Segue contando por que ela recorre ao xamã, a ida deste à casa da doente e seus preparativos: fumigações de favas queimadas, invocações e confecção dos *Nuchu* – pequenas imagens sagradas, espíritos protetores e assistentes do xamã.

As dificuldades no parto têm origem nos abusos de Muu – representante do poder da procriação, responsável pela formação do feto – que, ultrapassando suas atribuições, apoderou-se do purba – a alma da mulher. Assim, o canto busca recuperar o *purba* perdido, que será possível com a superação de obstáculos dificílimos, a derrota de animais ferozes e uma grande batalha entre o xamã, auxiliado pelos espíritos protetores, contra Muu e suas filhas. Esta, vencida, liberta o *purba* da doente, permitindo o transcurso normal do parto. Na verdade, a luta não foi contra *Muu*, mas uma reação a seus abusos. Ela é necessária ao processo de procriação, portanto indispensável. O canto termina descrevendo as precauções tomadas para que *Muu* não se evada para sempre e reate sua amizade com o xamã.

O interesse excepcional do texto dessa cantoria não está nessa exposição formal do quadro, mas na constatação de que o caminho de *Muu* e sua morada não é um itinerário ou uma morada mítica, mas uma representação cabal da vagina e do útero da parturiente que o xamã e os *Nuchu* supostamente invadem e, no lugar mais profundo e íntimo, travam sua batalha final e vitoriosa.

O canto descreve um quadro do mundo uterino cheio de monstros fantásticos e animais ferozes, que aumentam as dores. O xamã e os espíritos assistentes introduzem-se no útero, lutam contra obstáculos como fibras e cordas flutuantes (metáforas do ambiente físico); são invocados espíritos de animais furadores, abridores de caminhos, tudo simbolizando uma penetração mítica. Durante todo o tempo, a paciente recebe informações, pela melopéia, sobre o desenrolar das ações míticas.

> (O oficiante) introduz uma série de acontecimentos da qual o corpo e os órgãos internos constituirão o teatro suposto. Passa-se da realidade mais banal ao mito do universo físico ao fisiológico, do mundo exterior ao corpo interior. E o mito desenvolvendo-se no corpo interior, deverá conservar a mesma vivacidade, o mesmo caráter de experiência vivida à qual o xamã, através de técnica obsidente apropriada, terá imposto as condições (Lévi-Strauss, 1967, p. 223).

Segue-se um procedimento em que o xamã, junto com os demais moradores da aldeia, parte para a montanha a fim de recolher plantas medicinais para limpar o interior do corpo da paciente, eis que o parto já se deu. Em ambos os procedimentos, o feiticeiro traz para a consciência conflitos e resistências até então recalcados no inconsciente, quer por outras forças psicológicas, quer por sua natureza orgânica – o parto. Os conflitos e a resistência desaparecem, não devido ao conhecimento que a doente adquire deles, mas porque esse conhecimento conduz a uma suposta situação na qual os conflitos vão se ordenando paulatinamente até chegar à resolução. Concluindo, o xamã induz a doente a acompanhar e compreender o que se passa. Não importa que sua mitologia não corresponda à realidade, pois a doente e seu grupo social acreditam nela. Crêem nos espíritos protetores e nos malfazejos, nos monstros sobrenaturais e nos animais mágicos, pois estes fazem parte de um sistema convencional e coerente para eles, do qual não duvidam. O que a doente não aceita são as dores incoerentes que constituem elemento estranho ao seu sistema. Tomando consciência disso, a doente simplesmente sara.

Lévi-Strauss explica que o ritual oferece uma linguagem que torna possível exprimir seus bloqueios. A passagem a essa expressão verbal – pelo canto – proporcionou o desbloqueio do processo psicológico: "a reorganização favorável da seqüência cujo desenvolvimento a doente sofreu" (Lévi-Strauss,1967, p. 228).

Mircea Eliade – Mitos de origem evocados nos cantos de cura

Mircea Eliade (1991) faz uma apreciação sobre a função dos mitos na cura de doenças, onde se encontram valiosas informações sobre a aplicação dos cantos rituais pelos magos. Entre os Bhils, na Índia, eles purificam o espaço lateral ao leito do doente e desenham um mandala com farinha de milho[5] que vai representar o cosmo e o panteão. É uma recriação mágica do mundo, acompanhada de cantos rituais com sentido terapêutico.

Entre os Navajo, o mito cosmogônico e o mito da saída dos primeiros homens do seio da terra são cantados nos rituais de cura e de iniciação de um xamã. Todas as cerimônias são realizadas ao redor de um doente, *Hatrali* – aquele sobre o qual se canta –, ou de um iniciante de feiticeiro que deve se submeter ao ritual para aprender a oficiar o canto usado na prática da cura.

O mito cosmogônico, o mito de origem da enfermidade e do remédio e o ritual da cura mágica têm uma relação marcante entre os

---

5 *Mandala* – diagrama composto por círculos e quadrados concêntricos; imagem do mundo e instrumento que serve à meditação nos rituais tântricos.

povos Na-khi que vivem no sudeste da China. Para eles, o universo está dividido entre os Nâgas e os homens, que um dia se desentenderam. Os primeiros, então, disseminaram pelo mundo todo tipo de doenças. Podiam também roubar a alma dos homens, causando-lhes doenças até a morte. Só o xamã-sacerdote, com seus poderes de encantamento, tem poder para obrigar os Nâgas a libertarem as almas. O que lhe confere esse poder é o fato de o xamã primordial ter empreendido essa luta no tempo mítico. O ritual de cura constitui o relato cantado desse evento primordial que descreve também a criação do universo: "No tempo em que o céu apareceu, expandiram-se o sol, a lua, as estrelas, os planetas e a terra; quando surgiram as montanhas, os vales, as árvores e as rochas... naquele momento apareceram os Nâgas e os dragões..." (Eliade, 1991, p. 30).

A maioria desses cantos mágicos com finalidade curativa começa por cantar a cosmogonia, relatando a criação do mundo, o surgimento das enfermidades e dos demônios e o nascimento do xamã primordial que possuía os remédios necessários. Esse cantos relatam ainda a origem das doenças, como elas se propagam nas gerações e a luta entre o xamã e os demônios para debelá-las. Um dos cantos rituais começa contando a origem do remédio, por meio de um mito: um homem, tendo que se ausentar da casa por três dias, ao regressar encontra os pais mortos. Parte, então, à procura de remédios que impeçam essa morte, indo parar no país do chefe dos Espíritos. Rouba os medicamentos, mas, ao ser perseguido pelo Espírito, leva um tombo, e os remédios se espalham no chão, dando origem às plantas medicinais.

Fica claro que, nos cantos medicinais mágicos, o mito da origem dos medicamentos está sempre integrado ao mito cosmogônico. Nas terapêuticas primitivas, um remédio só surte efeito quando sua origem é recuperada ritualmente diante do paciente. Muitos procedimentos mágicos de cura da Europa e do Oriente relatam a história da enfermidade e do demônio que a provocou, particularizando o momento mítico acontecido quando uma divindade consegue vencer e dominar o mal.

Sobre as construções mágicas dos rituais de cura pelo encantamento com utilização da música, a conclusão de Mircea Eliade é que todos esses rituais médicos pretendem retornar à origem. Para as culturas arcaicas, a vida não pode ser reparada, mas sim recriada mediante a volta às fontes. A fonte maior é o momento máximo e sobrenatural de energia e vibração, da criação do mundo.

Mário de Andrade – O poder hipnótico da música

Mário de Andrade, ao estudar a música do Catimbó, reconhece o fator que a torna inseparável da feitiçaria: sua força hipnótica. A música liga-se às práticas de invocação, propiciação e exorcismo das forças naturais, desde o mais remoto passado da humanidade, exatamente por esse poder hipnótico. Isso se deve, mais atentamente, às manifestações rítmicas que a música incorpora e que atuam poderosamente sobre o corpo físico, entorpecendo-o, deixando–o em lassidão, embotando-o ou, ao contrário, excitando o espírito. Na mentalidade do homem primitivo, a música é uma força oculta e incompreensível, isenta do domínio do intelecto.

Mário de Andrade lembra Santo Agostinho, segundo o qual os melismas da Aleluia são momentos em que a alma expressa, sem palavras, a euforia da comunicação com o Senhor. Revela ainda que, nos exercícios de magia e feitiçaria, a música não serve apenas para agradar a divindade, mas para mediar a comunicação com o deus.

Para os antigos, a invenção da música foi atributo dos deuses. Assim pensavam os egípcios, os hindus[6], hebreus, sumerianos, sírios, gregos, japoneses, também os astecas e índios do Brasil. Dessa forma, se a música tem origem divina e um deus a ensina ao homem, ela pressupõe qualidades metafísicas, sendo a força moral a mais importante delas.

Entre os gregos, o *ethos*, força moralizante da música, foi uma preocupação muito desenvolvida. Aristóteles afirmava que certas melodias da flauta possuíam "o poder de criar na alma os afetos ardidos e apaixonados" (Andrade, 1983, p. 48). Na China, nos livros religiosos, destaca-se essa qualidade da música. Mesmo no cristianismo dizia-se: "a música suaviza os costumes" (ibid.). Alguns dos primeiros chefes da Igreja cristã criaram leis a respeito da qualidade moral do cromatismo, dos instrumentos, da enharmonia.

---

6 Os Ragas eram ao mesmo tempo deuses e melodias de rituais.

Mário de Andrade vê três maneiras de o ritmo atuar no corpo e na alma. Primeiro, na música de origem africana, onde o ritmo é violento e se repete até provocar a obsessão, com predomínio do caráter coreográfico. A dança tem poderes estupefacientes que são aproveitados universalmente por todas as religiões. Assim foi feito com a dança macabra, hoje ligada à feitiçaria, mas que a princípio era uma dança religiosa praticada nos templos católicos até o século XV. Primitivamente, era a dança dos Macabeus, de fundamentos miméticos, que servia para reproduzir a ressurreição dos mortos: os soldados de Judas Macabeus.

A segunda forma de entorpecimento provocado pela música ritmada está nas melodias de ritmo livre – autênticos recitativos, sem dança, com andamentos lentos e indecisos, que deixam a pessoa lerda, insegura, amolecida, em estado psíquico propício para aceitar o encantamento.

Intermediando esses dois procedimentos, sem dúvida hipnóticos, de ritmar as melodias (o ritmo rebatido e o ritmo livre), está um terceiro, que introduz pequenos fragmentos de tempo em uma linha melódica, deslocando de forma inquietante os acentos do compasso.

Há um processo curioso de prolongar a pequena melodia do canto e reforçar física e psiquicamente seu poder hipnótico: um texto com ritmo fixo chega a seu final, mas a evolução harmônica da melodia não se resolve na tríade tonal, e sim em uma nota de passagem que leva a um acorde dissonante que precisa ser resolvido. Para isso, é necessário reiniciar a melodia e repetir tudo numa cadeia infindável, o que reforça seu caráter entorpecente.

O princípio da variação também é utilizado nessa função hipnótica: parece que existe um tema vagante e indeterminado sobre o qual os cantadores variam, fazendo quartos de tom, nasalações, desafinações voluntárias, arrastados e portamentos de voz. O cantador e o ouvinte ficam pasmados, desnorteados.

O efeito causado por essas melodias arrastadas ou ritmos violentos não é especialmente religioso ou mágico, assim como não é também puramente fisiológico. Na verdade, não é realista nem miraculoso. Tais processos colocam a pessoa "numa espécie de disponibilidade moral" (Andrade, 1983, p. 27). Aí está o princípio essencial da função mágica ou religiosa da música, da dança, do álcool, do jejum, do incenso, da claridade luminosa, da escuridão etc.: ela violenta o ser físico, arrebata-lhe grande parte de seu individualismo e de sua capacidade de reação. Ele não reage, não recolhe os fatos para compará-los, julgá-los, defini-los, formar um juízo. Se no íntimo de cada pessoa existe uma noção própria de liberdade, bem, mal, beleza, e outras tantas, isso se liga a várias circunstâncias físico-psíquicas particulares. De outro lado, há um universal em filosofia que reza: noções vagas, genéricas, sem refinamento nem sutilezas, primárias, são noções pelas quais a coletividade se rege e se manifesta. Religiões, seitas, corporações de magia, feitiçaria, fetichismo são manifestações coletivas. Perdendo sua essência individual, o ser torna-se parte da coletividade, agindo apenas levado pela sua cultura e pelo seu caráter, de maneira primária. Esse é o estado oportuno para o xamã, feiticeiro, pajé, *medicine-man*, mestre atuar: ele dispõe da moral do *indivíduo/coletividade* para insuflar-lhe, de forma orientada, o que deve crer, sentir, pensar, agir.

Mário de Andrade destaca uma das funções principais dessa metodologia de domínio do xamã sobre o indivíduo, na qual a música é indispensável: auxiliar na cura de doenças, um de seus destinos mais generalizados, e não se pode dizer que seja ineficiente. Repete o doutor Vergnes[7] em sua assertiva: "Não tem nada de espantar... que a música, sendo uma vibração do éter, possa produzir modificações mais ou menos profundas nas células do nosso organismo" (Andrade, 1983, p. 49).

Falando sobre a música do catimbó, um ritual do Norte e Nordeste brasileiros, com sincretismo predominantemente indígena, africano e algo de europeu, com finalidades variadas, que vão desde cura de doenças, males de amor, prejuízos e maldades a terceiros etc., Mário de Andrade informa que toda a cerimônia é realizada com cânticos, cujo caráter é distinto das cantorias profanas, o que chama a atenção sobre elas. A diferença está tanto nas melodias como no texto e no ritmo.

---

7 Mário de Andrade não explica quem é o doutor Vergnes.

Os textos do catimbó têm linguagem característica, com muitas palavras sem sentido, talvez cabalísticas, num processo comum à feitiçaria universal que vem desde o Egito antigo. Há também seqüências de sílabas inexplicáveis, como *dairim, dairim, dairô*; palavras misteriosas, talvez de ordem religiosa, como *trunfei*; nomes dados a deuses do maravilhoso, como o *Rei Nanã*; refrãos inexplicáveis como *esquimbanda*; repetição de palavras de origem africana mudando a vogal final, como *xaramundé, xaramundô*. No geral, são versos baseados no processo da feitiçaria analógica ou imitativa. É natural, entre culturas ágrafas, não se dar valor ao sentido das palavras ao cantar. Uma só palavra, sílabas soltas, palavras sem sentido podem ser repetidas indefinidamente, a exemplo de práticas tradicionais herdadas por gerações e gerações, em uma língua que não compreendem.

O sistema melódico do catimbó tem estilo bem nacional. As peças são habitualmente lentas, sem muita definição de compasso, com um arrastado intencional do canto. Podem ser também em estilo recitativo, de ritmo livre e cantadas com tamanha liberdade de acentuação e medida de tempo que não comportam compassos. O acompanhamento instrumental é feito com o maracá, chocalho de cabaça, de aculturação indígena, instrumento sagrado, cuja função é de exorcismo.

Os feiticeiros do catimbó são chamados mestres. Dirigem as sessões e têm a exclusividade de iniciá-las; recebem em seus corpos materiais os mestres desmaterializados. Estes últimos são entidades que participam de tudo, extremamente complexas, veículos do espírito, mas participam dele sendo o próprio espírito. Não se pode ter uma idéia simplista dos mestres dizendo que são deuses ou santos, no conceito católico, organizado, de um panteão. Os mestres estão inclusos na divindade, no sentido de terem poderes sobrenaturais por si mesmos, independentemente de legado superior – o poder lhes é intrínseco.

Considerações finais

Um aspecto contido nos textos dos quatro autores é merecedor de apreciação: a causa das doenças ser atribuída à atuação de um demônio, ou ao roubo da alma, ou às duas coisas juntas. Combarieu afirma que, entre os primitivos, a causa da morte por doença é maldição dos espíritos. Um homem que sofra dores de cabeça ou nas entranhas é porque há um demônio dentro dele, e a cura é realizada pela caça ao ser diabólico. No relato de Lévi-Strauss, o xamã luta contra *Muu*, entidade da procriação, normalmente útil e necessária, mas que cometeu aberrações (suposta atitude diabólica) e roubou a alma da parturiente, obstruindo o parto. Mircea Eliade explica que muitas práticas mágicas de cura, na Europa e no Oriente, contam a história da enfermidade e do demônio que a provocou, particularizando o momento mítico acontecido em que uma divindade conseguiu vencer e dominar o mal. Conta que os Na-khi, povo do sudoeste da China, crêem nos Nâgas, que brigaram com os homens e podiam roubar suas almas, causando-lhes doença e morte (portanto, seres diabólicos). Em Mário de Andrade, lê-se que todas as representações humanas para o homem primitivo são dotadas de vida e resultam da vontade. A doença, especialmente, acontece porque um demônio faminto ocupa-se em devorar o corpo do doente ou porque sua alma foi roubada por um ser diabólico.

Assim, as relações entre doenças e demônios/roubo da alma, que parece ser apanágio de culturas primitivas, sobrevivem ainda hoje na sociedade histórica, o que pode ser constatado até nos programas de televisão e rádio de algumas religiões ditas evangélicas. Mesmo na religião católica, a Igreja admite, mediante avaliações rigorosas, a possessão demoníaca, razão pela qual mantém práticas oficiais de exorcismo.

Tomando como referência o texto de Mário de Andrade, há um ponto a considerar, que é a diferença entre religião e magia ou feitiçaria. O autor intitula seu livro de *Música de feitiçaria*, e enquanto Manuel Diégues Jr. (Diegues, 1975), Rossini Tavares de Lima & Julieta de Andrade (Lima & Andrade, 1983) e Oneyda Alvarenga (Carlini, 1993) vêem o candomblé, a macumba, o catimbó, a pajelança como uma religião, Mário de Andrade trata-os como feitiçaria.

Recorrendo a Émile Durkheim (1989), tem-se que a magia se constrói com crenças e ritos e, como a religião, ela tem seus mitos e dogmas, com a diferença que, objetivando fins técnicos e utilitários, não perde seu tempo em especulações, o que a torna mais rudimentar. A magia inclui também cerimônias, sacrifícios, purificações, orações, cantos e danças iguais aos da religião. Os seres e as forças invocadas pelo mago têm a mesma natureza e às vezes são idênticos aos da religião. Por exemplo, as almas dos mortos são sagradas e objetos de ritos religiosos ao mesmo tempo desempenham, na magia, papel de considerável importância. Os demônios são instrumentos úteis do sortilégio, vivem em mundo separado e muitas vezes é difícil distingui-los do deus. No entanto, no cristianismo, ele é um deus decaído e inserido na religião, pois pertence ao inferno, elemento indispensável para a religião cristã. Deuses e santos oficiais de religiões institucionalizadas até de povos estrangeiros são invocados, como no caso dos magos gregos ritualizarem deuses egípcios ou judaicos; Cristo, Virgem Maria e os santos católicos são utilizados pelos magos cristãos. Para distinguir magia de religião, deve-se considerar que religião é comum a determinada coletividade cujos indivíduos se sentem ligados uns aos outros pela fé comum, pelo fato de conceberam da mesma forma o mundo sagrado e suas relações com o mundo profano e traduzirem tudo isso em práticas iguais, no que se chama Igreja. Não existe religião sem Igreja. Já com a magia não existem laços duradouros entre o mago e os indivíduos, nem mesmo entre eles próprios; não existe um corpo moral igual àquele dos fiéis de um mesmo deus, praticantes de um mesmo culto. Não existe Igreja. O mago tem clientes, que geralmente não guardam relações entre si, ou se as têm, não são motivadas pela fé ou pela crença, não integram o complexo comunal da Igreja.

Com o suporte teórico de Durkheim, comprova-se que catimbó é religião, eis que seus praticantes constituem uma coletividade, ligada pela crença nos mestres desmaterializados e seus poderes para resolver problemas, e que se reúnem no exercício do culto, irmanados pela fé comum, assim como são religiões o candomblé, a macumba e a pajelança.

O cotejo dos dados bibliográficos arrolados indica que a música é instrumento eficaz da magia, para as finalidades mais diversas, desde tempos remotos, em sociedades ágrafas, porém o sistema tem sobrevivido no contexto da sociedade letrada, como comprova a pesquisa de Mário de Andrade sobre o catimbó, efetuada no final da década de 20.

O catimbó sustenta-se nos dias atuais com a mesma expressão e significação que o tornam indispensável na composição do corpus cultural das comunidades em que existe, assim como era quando Mário de Andrade o registrou[8].

Considerando música/magia/religião, tudo indica que a apropriação do sentido encantatório da música se dá não só em religiões formais, como na religiosidade popular e em rituais que apelam puramente para forças ocultas.

A música de sentido mágico na sociedade letrada pertence ao universo cultural da etnomusicologia e do folclore. Como tal, um método antropológico bastante adequado para explicar o fenômeno é o do funcionalismo, teorizado por Bronislaw Malinowski, segundo o qual: "Em todas as atividades verificamos que o uso de um objeto como parte de um comportamento técnico, legal ou ritualmente determinado leva os seres humanos à satisfação de uma necessidade" (Malinowski, 1975, p. 144).

O autor afirma que "as instituições humanas, assim como as atividades parciais dentro delas, são relacionadas com as necessidades primárias, isto é, biológicas, ou derivadas, isto é, culturais" (Malinowski, 1975, p. 148). Quanto à magia e religião, ele defende que ciência, magia e religião "sempre controlaram fases diferentes do comportamento humano [...] o homem em todas as fases e em todos os climas está de posse de conhecimento fundamentado empiricamente e manipulado logicamente" (Malinowski, 1975, p. 185). São conhecimentos racionais porque são adequados. Segundo a teoria das necessidades, a magia e a religião podem ser "inter-

---

8 LIMA, Rossini T. & ANDRADE, Julieta. *Escola de folclore*. São Paulo: Escola de Folclore, 1983. p. 154.

pretadas funcionalmente como complementos indispensáveis aos sistemas de pensamento e tradição puramente racionais e empíricos" (Malinowski, 1975, p. 162). É pensamento de Malinowski que a magia como crença na possibilidade de obter resultados por meio de ritos aparece nas circunstâncias em que falta conhecimento ao homem. Quando ele percebe, por exemplo, que não pode manipular o tempo com suas próprias mãos ou não tem o conhecimento necessário sobre as condições da saúde humana e da doença, pragmaticamente recorre aos meios mágicos para lidar com a situação. A persistência da magia se explica pelas suas características práticas e sociais. Psicologicamente, aponta para uma postura otimista, uma vez que o rito é uma providência efetiva para dominar o acaso e restaurar a sorte. Quanto à religião, estruturalmente dogmática:

> É um sistema de crença definindo o lugar do homem no universo, sua proveniência e seu objetivo. Pragmaticamente é necessária a fim de o indivíduo médio superar a demolidora e estraçalhante antecipação da morte, do desastre e do destino. Ela resolve esses problemas por meio da crença na imortalidade (Malinowski, 1975, p. 189).

Assim, a religião diz respeito à existência humana em seus aspectos fundamentais; a magia, às questões específicas, concretas e detalhadas. Ainda sobre a função, lembre-se Alan P. Merriam, que discute "uso" e "função" em etnomusicologia:

> The use and functions of music represent one of the most important problems in ethnomusicology, for in the study of human behavior we search [...]not only for the descriptive facts about music, but, more important, for the meaning of music.[...] We wish to know not only what a thing is, but, more significantly, what it does for people and how it does it (Merriam, 1964, p. 209).[9]

---

9 Os usos e funções da música representam um dos mais importantes problemas em etnomusicologia para, no estudo do comportamento humano, procurarmos [...] não somente pelos fatos descritivos sobre a música, mas, mais importante, pelo significado da música. Desejamos conhecer não apenas como o fato é, mas, mais significativamente, o que representa para as pessoas e como acontece. (Tradução da autora)

Escreve Merriam que a música usada em certas situações pode se tornar parte delas. Os amantes que a praticam em celebração do amor atribuem-lhe uma função de continuidade do grupo biológico. O fiel que faz da música instrumento de aproximação com o seu deus emprega um mecanismo particular junto a outros mecanismos, como a dança, as orações, os rituais. A função, nesse caso, é inseparável da função da religião e pode ser interpretada como um procedimento de segurança diante do universo. "Use [...] refers to the situation in which music is employed in human actions; function concerns the reasons for its employment and [...] the purpose which it serves" (p. 210).[10]

Do que foi dito, percebe-se que música e magia são partes das instituições humanas, assim como as atividades parciais dentro delas e relacionadas com as necessidades primárias, isto é, biológicas, ou derivadas, isto é, culturais.

A prática música-magia expressa a experiência peculiar de vida de uma sociedade para a qual possui significado especial. É modelo vivido e revivido, tem poder de motivação, e essa permanência resulta da aceitação. Em conclusão, vive ainda hoje porque tem função para a comunidade.

REFERÊNCIAS BIBLIOGRÁFICAS

ALMEIDA, Renato. *Inteligência do folclore*. Rio de Janeiro: Americana/MEC, INL, 1974.
ANDRADE, Mário. *Música de feitiçaria no Brasil*. Belo Horizonte: Itatiaia; Brasília: IML/Fundação Nacional Pró-Memória, 1983.
CARLINI, Álvaro. *Cachimbo e maracá: o catimbó da Missão*. São Paulo: CCSP, 1993.
COMBARIEU, Jules. *La musique et la magie*. Genève: Minkoff Reprint, 1978.
DIEGUES, Manuel. *Culturas e etnias no Brasil*. São Paulo: Círculo do Livro, 1985.
DURKHEIM, Émile. *As formas elementares da vida religiosa*. São Paulo: Paulinas, 1989.
ELIADE, Mircea. *Mito e realidade*. São Paulo: Perspectiva, 1991
LÉVI-STRAUSS, Claude. *Antropologia estrutural*. Rio de Janeiro: Tempo Brasileiro, 1967.

---

10 Uso [...] se refere à situação na qual a música é empregada na ação humana; função diz respeito às razões para seu emprego e [...] a finalidade a que se destina. (Tradução da autora)

LIMA, Rossini Tavares de. *Abecê do folclore*. 6. ed, São Paulo: Ricordi, 1985.

____& ANDRADE, Julieta de. *Escola de folclore*. São Paulo: Escola de Folclore, 1983.

MALINOWSKI, Bronislaw. *Uma teoria científica da cultura*. 3. ed, Rio de Janeiro: Zahar, 1975.

MERRIAM, Alan P. *The antropology of music*. United States of America: Northwestern University Press, 1964.

NETTL, Bruno. *Müsica folklórica y tradicional de los continentes occidentales*. Madri: Alianza, 1985.

PEREIRA, Niomar de Souza. A música dos instrumentos. *Boletim de Leitura*, Museu de Folclore Rossini Tavares de Lima, n. 17, ago. 1996, São Paulo.

NIOMAR SOUZA é bacharel em piano (FMCG). Tem pós-graduação *lato sensu* em Musicologia (FMCG) e especialização em Teoria e Pesquisa do Folclore Brasileiro na Escola de Folclore; cursos de pós-graduação em técnicas psicodramáticas aplicadas ao ensino, comunicação social no Brasil: Segmento Negro, Construtivismo e Expressionismo no Teatro, Folguedos Folclóricos: Forma de Teatro Popular, Concepções do Espaço Cênico. Foi Conselheira da Associação Brasileira de Folclore em São Paulo, de 1974 a 1997. Presidente da Associação Brasileira de Folclore e diretora do Museu de Folclore Rossini Tavares de Lima, de 1993 a 1996. Sócia fundadora e conselheira da Sociedade Brasileira de Musicologia. Presidente da Comissão de Folclore da Secretaria de Estado da Cultura de São Paulo, em 1982. Autora de diversas publicações. Professora de folclore, história da música no Brasil e história da música universal e coordenadora do projeto *Um olhar sobre a música brasileira*, que objetiva formar um banco de dados sobre compositores e intérpretes brasileiros vivos, na Faculdade de Música Carlos Gomes.

❀ A MÚSICA POPULAR BRASILEIRA EM QUESTÃO: RENOVAÇÃO, ORIGINALIDADE E QUALIDADE

Liliana Harb Bollos

Podemos considerar que a música popular brasileira passou por duas grandes fases que conseguiram sintetizar, esteticamente, a época em que ocorreu, trazendo novas divisas musicais e o aprimoramento musical do país: a Época de Ouro e a bossa-nova. A primeira se desenvolveu nos anos 30, com a chegada do cinema falado, do rádio e da gravação eletromagnética (Severiano, 1998, p. 86), além do grande número de artistas, como Lamartine Babo, Noel Rosa, Custódio Mesquita, Carmen Miranda, Ari Barroso, Orlando Silva, Pixinguinha, entre muitos outros. Entre a geração de 30 e a bossa-nova, tivemos a ascensão do baião com Luís Gonzaga e Humberto Teixeira e a proliferação do samba-canção, influenciado pela invasão do bolero em todo o mundo, propiciando o maior momento do rádio até então. Enquanto na fase anterior se desenvolveu um repertório baseado no samba e no culto à voz, reflexo do sucesso do primeiro cantor de massas no Brasil, "o cantor das multidões" Orlando Silva, os programas de auditório nas rádios, durante a década de 40, iriam privilegiar interpretações exageradas da voz (com vibrato), letras pesadas, tristes e repertório privilegiando a música internacional. Com isso, os programadores começaram a influenciar a preferência musical de seus ouvintes, instaurando-se, assim, a massificação nos meios de comunicação que conhecemos hoje. Paralelamente, o mercado do disco, principalmente no Rio de Janeiro e em São Paulo, ampliava-se, a ponto de tornar a sua indústria uma das mais importantes do país (Tinhorão, 1997, p. 57), impondo, assim, um "ajuste" no repertório musical nacional, com boleros enfadonhos e canções fox, influenciadas pela música popular americana.

Devemos lembrar que a evolução da música popular americana também se deu paralelamente à brasileira, ou melhor, foi modelo para a música de outros países, impondo, quase sempre, os padrões americanos de difusão. Se as polcas européias influenciaram nossa música (maxixe, lundu) no século XIX e criamos o choro, as marchinhas e mais tarde o samba, nos Estados Unidos a influência também ocorreu com o *ragtime* e o *blues*, miscigenando, assim, os povos europeu e negro. Nos Estados Unidos, a Era do Swing nos anos 30, com orquestras se apresentando em salões de baile para um público expressivo, representou grande influência para os compositores brasileiros da Época de Ouro, como Custódio Mesquita, Vadico e Ismael Silva, entre muitos, criando as famosas canções-fox, entre tantos outros que ouviam discos importados e sabiam o que acontecia do outro lado do mundo. Entretanto, o samba desenvolvido por eles sempre foi considerado brasileiro, assim como outros gêneros, como o choro e a valsa brasileira, que outrora já sofreram influência de outras músicas e danças.

Não podemos nos iludir pensando que somente a música desprovida de qualquer influência é a que nos serve, como Tinhorão, Stanislaw Ponte Preta e Antônio Maria sempre pregavam em suas críticas contra a bossa nova. Ideologicamente, é impossível que isso venha a acontecer. No final do século XIX, por exemplo, as polcas européias já "contaminavam" por aqui, trazidas pela corte de D. Pedro II. As mesmas polcas influenciaram os músicos americanos que criaram o *ragtime* por meio dessa mistura, enquanto no Brasil, nessa mesma época, tivemos o choro sendo desenvolvido com as mesmas características formais do *ragtime*, porém com ritmo "amaxixado".

Em meados de 50, alguns artistas já buscavam uma saída para aquela música abolerada imposta pelos meios de comunicação e, por conta novamente das lojas de discos, aproximaram-se do novo estilo que estava surgindo nos Estados Unidos, o *cool jazz*. Com características quase camerísticas – suavidade, pausas, contraponto e harmonização sutil –, o *cool jazz* impôs-se, nos anos 50, procurando se distanciar do modo nervoso do estilo *bebop*. Como principais representantes dessa nova corrente jazzística destacam-se o compositor e arranjador Gil Evans, ao lado do trompetista Miles Davis, que lança, em 1949, o LP *The Birth of the Cool* (Capitol), estabelecendo esse novo estilo de jazz. No Brasil, surgia, em proporção mais modesta, uma geração que pode ser considerada precursora da bossa-nova. Dela fazem parte artistas como Dick Farney, Lúcio Alves, Sílvia Teles, Agostinho dos Santos, o conjunto-vocal Os Cariocas, Johnny Alf, Luís Bonfá, Garoto e Radamés Gnatalli. Já a bossa-nova surgiu no cenário musical brasileiro em meados de 1958, com a canção *Chega de saudade* (A. C. Jobim/Newton Mendonça), interpretada pelo cantor e violonista João Gilberto, que foi alvo da primeira grande manifestação de crítica nos jornais brasileiros. Impressionado com o som inovador do cantor baiano, Antônio Carlos Jobim, arranjador da gravadora Odeon em 1957, convidou João Gilberto para participar do disco *Canção do Amor Demais* (Festa), da cantora Elizete Cardoso. Na época, ela era uma das principais cantoras do país e estava gravando um disco somente com músicas de Jobim e Vinícius de Moraes. Isso se deu em janeiro de 1958 e João Gilberto tocou violão em duas faixas do disco: *Chega de Saudade* (Jobim/Moraes) e *Outra vez* (Jobim). Pela primeira vez a batida que simbolizaria a bossa nova estava sendo gravada, porém a forma de cantar de Elizete Cardoso era convencional, fazendo uso do *vibrato*, característica vocal da geração do samba-canção que João Gilberto passou a abolir, desde a "concepção" dessa sua nova maneira de cantar. A forma como o violão foi tocado, simplificando o samba e ao mesmo tempo fazendo uso de harmonia sofisticada, provocou reação imediata de músicos, críticos, e também da gravadora Odeon, que instantaneamente convidou Gilberto a gravar seu primeiro *single*, com *Chega de saudade*, de um lado, e *Bim bom* (João Gilberto), do outro.

Não por acaso o LP Canção do *Amor Demais* teve importância fundamental para a música brasileira. Além do violão de Gilberto nas duas faixas, todos os arranjos do disco levam a assinatura de Tom Jobim, ainda desconhecido da grande mídia, apesar de ter musicado, junto com Vinícius de Moraes, a peça de teatro *Orfeu da Conceição* em 1956, alcançando prestígio e reputação. O que causou espanto, afinal, nesse disco? A crítica conseguiu enxergar que havia uma "batida" diferente no violão. Porém, praticamente não se discutiram os arranjos do disco, e neles está a chave da renovação. Jobim preferiu conferir um caráter quase camerístico ao disco de Elizete Cardoso, simplificando o número de vozes, fazendo uso de poucos instrumentos, abrindo espaço para o violão. Notemos que as treze canções do disco possuem orquestrações muito diferentes umas das outras, sendo que algumas canções foram interpretadas quase a *capela*, acompanhadas somente de piano e contrabaixo, nada usual para a época, que privilegiava grandes orquestras com pesados arranjos. Assim, a transição do samba tradicional para a bossa-nova fazia-se presente não só na batida do violão de Gilberto, como a maioria das publicações da época afirmou, mas, sobretudo, na voz convencional da cantora contrastando com os arranjos econômicos de Jobim, sintetizados nesse disco com uma harmonia densa, rica, difícil, considerada pelos opositores influência direta do jazz americano. Infelizmente poucos críticos perceberam que a influência benéfica desses arranjos veio de grandes músicos brasileiros, como Villa-Lobos, Cláudio Santoro, Léo Peracchi, Radamés Gnatalli e também do professor de Jobim, o alemão Hans Joachin Koellreutter.

Com o lançamento do single *Chega de saudade*, de João Gilberto, o público imediatamente notou a originalidade, ou pelo menos a estranheza daquela música quando as rádios começaram a tocar. O impacto que essa música provocou foi enorme, considerada por muitos autores um verdadeiro divisor de águas, gerando protestos e críticas, de um lado, e influenciando o estilo de compor de vários músicos, de outro. Se *Chega de saudade* foi o divisor de águas, *Desafinado* (Jobim/Mendonça) transformou-se na canção mais significativa do movimento bossa-novista, logo depois que o segundo single do cantor com *Desafinado* e *Hô-bá-lá-lá* (J. Gilberto) saiu, ainda em 1958. Jobim e Newton Mendonça comentavam sobre cantores da noite que desafinavam e resolveram escrever um samba que parecesse uma defesa aos desafinados, mas tão complicado e cheio de alçapões dissonantes que, ao ser cantado por um deles, iria deixá-lo em apuros. No especial Antônio Brasileiro, da Rede Globo, Jobim declarou que os autores pretendiam que o final de *Desafinado* fosse outro, uma nota particularmente "desafinada" para ilustrar o dia-a-dia de um cantor, um intervalo de segunda menor em relação ao acorde maior. Entretanto, João Gilberto recusou-se a cantar essa última nota da canção, optando pela própria tônica do acorde maior, meio tom abaixo do proposto pelos autores. Em março de 1959 sairia o primeiro LP do cantor baiano, *Chega de Saudade* (Odeon), com arranjos e regência de Jobim, seguido de mais dois discos, *O Amor, o Sorriso e a Flor* (Odeon, 1960) e *João Gilberto* (Odeon, 1961).

Em pouco tempo, o cantor baiano transformou-se na figura mais polêmica da música brasileira e, por conta da letra de *Desafinado*, foi considerado um cantor literalmente desafinado, para os mais desavisados. Na verdade, ao inventar o diálogo da voz com o violão e a orquestra, Gilberto conseguiu com que esses elementos interagissem, se conciliassem, em vez de se contrapor, tão comum na época. *Desafinado* é repleto de modulações e "intervalos esquisitos", difíceis de entoar. Os primeiros compassos da harmonia são os mesmos da canção *Take de a train* (B. Strayhorn/L. Gaines, 1941), inspirando-o ainda mais tarde em *Garota de Ipanema* (Jobim/Moraes) e *Só danço samba* (Jobim). Para termos idéia de como João Gilberto causou espanto e foi notícia na época, em 31 de outubro de 1959, quando o LP *Chega de Saudade* já havia sido lançado, a revista de entretenimento *Radiolândia* instigou seus leitores a escolherem o sucessor de Cauby Peixoto, que havia partido para os Estados Unidos, para o posto de grande voz da música popular brasileira. Ao estampar João Gilberto ao lado de artistas como Agnaldo Rayol e Agostinho dos Santos, como um dos possíveis pretendentes, podemos perceber o quanto já era significativa sua presença no cenário musical brasileiro no final de 1959. Rayol nessa época já era um grande sucesso dos programas de rádio, e Santos tinha conseguido enorme prestígio por causa de sua interpretação de *Manhã de carnaval* no filme francês *Orfeu do Carnaval*, lançado naquele mesmo ano.

A bossa nova internacionalizou-se na década de 60, com a ida de muitos músicos brasileiros para os Estados Unidos e também com a vinda de alguns poucos americanos para cá. O cantor Tony Bennett esteve pela primeira vez no Brasil em maio de 1961, e com ele o contrabaixista Don Payne, que levou muitos discos de bossa nova para os Estados Unidos e lá mostrou a seu vizinho, o saxofonista Stan Getz (Mello, 2002). Em poucos meses, Getz lançava o disco *Jazz Samba* (março de 1962) com o guitarrista Charlie Byrd, que vendeu um milhão de cópias (Castro, 1990), e ainda um segundo disco, *Big Band Bossa Nova*, ambos anteriores ao famoso concerto do Carnegie Hall, em novembro de 1962, quando João Gilberto e Tom Jobim se apresentaram pela primeira vez nos Estados Unidos. Em 1964, foi a vez do LP *Getz/Gilberto Featuring A. C. Jobim*, que ganhou o prêmio Grammy de melhor álbum de jazz, melhor solista (Getz), canção e gravação do ano com *Garota de Ipanema*. Em 1967 Frank Sinatra gravaria com Tom Jobim o LP *Francis Albert Sinatra & Antonio Carlos Jobim*, consolidando de uma vez a presença da música brasileira no exterior. Não nos esqueçamos, porém, de que o interesse americano pela bossa nova "era de ordem temática, tratava-se de renovação de repertório, ou seja, houve uma demanda do mercado norte-americano de jazz para as composições de cores exóticas" (Carneiro, 1962). Ao imprimir um novo repertório ao jazz, com ritmo sincopado, harmonias sugestivas e complexas e também forma de composição coesa como o jazz possuía, a bossa nova conseguiu, em breve tempo, grande sucesso de crítica e público, nunca alcançado pela música popular brasileira anteriormente.

O fato é que a (boa) música popular brasileira atual é ainda revenciada, imitada e aplaudida em todo o mundo, e não por acaso a bossa nova se impôs nos Estados Unidos há mais de quarenta anos. Com harmonias ricas e complexas, ritmo sincopado e lânguido, colocou o violão como o instrumento principal de toda uma geração de músicos. Também influenciou muitos artistas, e se, por um lado, foi influenciada pelo jazz, principalmente na forma e harmonia, por outro fez "escola" fora do Brasil. Muitas composições, como *Desafinado* (Jobim/Mendonça), *Garota de Ipanema* (Jobim/Moraes), *Samba de uma nota só* (Jobim/Mendonça), *Manhã de carnaval* (L. Bonfá/A. Maria), *O barquinho* (Menescal/Bôscoli), *Corcovado* (Jobim), transformaram-se em *standards*, demonstrando que a música brasileira possui prestígio no mercado fonográfico internacional.

O que significa *standard*, afinal? É, talvez, a música que ultrapassa a fronteira do universo musical onde foi primordialmente estabelecida, tornando-se conhecida depois de ser executada exaustivamente. Canções de Cole Porter, George Gerhwin, Jerome Kern, feitas para determinado filme ou peça da Broadway, dos anos 30 ou 40, por exemplo, tornaram-se populares, mesmo fora do contexto de onde foram originadas. Muitas dessas canções se tornaram ainda mais conhecidas depois de inseridas no livro de *standards*, *The Real Book*. Feito manualmente por músicos ainda nos anos 70, esse livro se tornou, em pouco tempo, uma referência para o estudo do repertório da música popular americana. Somente nos anos 90 é que vários livros de partituras foram publicados eletronicamente, como o *The New Real Book* (1995), facilitando enormemente a divulgação de canções nele inseridas, reforçando o poder de escolha de repertório desse livro.

Tomemos como exemplo a versão de *Desafinado* no disco *Jazz Samba* (1962). Gravado às pressas por músicos americanos que haviam tomado conhecimento do fenômeno João Gilberto no Brasil, e também para satisfazer uma demanda do mercado americano, ávido por novidades, há em *Desafinado*, como em outras músicas do disco, erros melódicos e harmônicos graves que comprometeram sua execução e interpretação. Quando o LP *Getz/Gilberto Featuring A. C. Jobim* foi lançado em 1964, muitas gravações já tinham sido feitas com essa música, e os mesmos erros persistiram, mesmo depois da gravação com João Gilberto e Tom Jobim. Para termos idéia do descaso que os editores de música americanos tiveram com *Desafinado*, a partitura impressa no *The New Real Book* é a gravação errada do disco *Jazz Samba*, fazendo com que, ainda hoje, essa música seja aprendida erroneamente por muitos estudantes e músicos em geral.

Por que, afinal, essas músicas brasileiras fizeram tanto sucesso em solo americano? O primeiro motivo diz respeito à língua inglesa. Essas canções foram traduzidas instantaneamente, assim que fizeram sucesso, e com isso diminuiu o obstáculo que a língua portuguesa teria de enfrentar no exterior. Quando Carmen Miranda fez sucesso em Hollywood nos anos 40, ela possuía uma marca que a caracterizava (figurino, trejeitos), além de ser excelente cantora. A bossa nova, por outro lado, desprovida desses elementos "tropicais", conseguiu se impor sem fazer uso de nenhuma marca, privilegiando principalmente os aspectos musicais da nova música. Primeiro produto de exportação brasileiro, "Carmen Miranda pode ser considerada a estrela mais internacional, talvez só comparável a João Gilberto e Antônio Carlos Jobim, os criadores da bossa nova. Essa internacionalidade foi conquistada com uma preocupação obsessiva em se afirmar como brasileira, como representante da cultura brasileira" (Vianna, 2002).

O sucesso internacional da bossa nova deveu-se à sustentação da harmonia, aliada a uma melodia leve, que conseguiu se sobrepor à letra. Uma bela letra não resiste ao tempo se não estiver aliada a uma boa música, sustentada por acordes fortes, capazes de "costurar" a forma musical de modo linear, direto, inteligível. Por isso é que os sucessos fugazes não duram muito. Muitas vezes eles estão ligados a um ritmo "criado" para manipular determinado público e conseguir se sustentar enquanto tal música estiver em evidência. Passado algum tempo, são esquecidos. O que dizer das canções da geração da Época de Ouro? Embora esquecido por décadas, Noel Rosa (1910-37) é, talvez, o compositor dessa geração mais executado atualmente. Justamente pelo fato de suas composições (e parcerias) possuírem música à altura da letra, não se sobressaindo nenhuma parte.

Quando a bossa nova surgiu, havia no Brasil uma sede de afirmação desenvolvimentista em todos os setores. Havia Brasília e a promessa de estradas e de progresso. Havia uma arquitetura se firmando, como resultado do crescente surto imobiliário. Havia um Brasil aparecendo diante do mundo, com seu nacionalismo acentuado (Paulino, 1964). Por outro lado, as emissoras de rádio não supriam a classe média em seu anseio de boa música. As emissoras de rádio preferiam, por uma questão de comodidade, priorizar a música comercial, mais rentável, e na hora de travar um diálogo musical com essa classe média sedenta de renovação apelavam para a música estrangeira (principalmente o jazz americano), já conhecida, de repercussão assegurada. Se antes os jovens da zona sul do Rio de Janeiro só ouviam jazz, passaram a se interessar também pela bossa nova e, conseqüentemente, pelo violão. A batida que João Gilberto imprimiu, desde a sua primeira gravação com Elizete Cardoso, foi decisiva para que muitos jovens se interessassem em tocar esse instrumento.

O próprio poeta Manuel Bandeira escreveu em 1924 que "para nós, brasileiros, o violão tinha que ser o instrumento nacional, racial" (Bandeira, 1955). Ao contrário do piano, introduzido nas casas da alta classe média no final do século XIX, o violão foi escolhido pela classe menos favorecida por ser mais barato, transformando-se no instrumento mais significativo da música popular brasileira, percorrendo o choro, o samba, a bossa nova com desenvoltura durante todo o século XX. João Gilberto, por sua vez, conseguiu que o violão migrasse também para a classe média, impondo ao instrumento um lugar não somente nas rodas de samba, mas também nas casas de concerto. Vimos, a partir de Gilberto, a música americana voltar-se para o violão, criando uma contraposição clara entre os grupos de jazz, que têm o piano como instrumento central (acompanhado de contrabaixo e bateria) e a nova sonoridade adquirida pelo violão. Com isso, ele toma o lugar do piano, criando uma sonoridade "nacional", marca de um estilo inconfundível que João Gilberto, a partir de *Chega de saudade*, consagrou.

Com o interesse cada vez maior de se aprender violão e conseguir mais alunos, muitas escolas de música buscaram métodos rápidos de aprendizagem, em detrimento de um ensino formal direcionado. O que vimos foi a banalização do ensino da música popular, cooperando, de certa forma, para a depreciação da cultura popular e a proliferação de métodos pouco convincentes para o aprendizado da música popular em geral. O ensino da música popular nas universidades brasileiras, ainda bastante recente, foi implantado na Unicamp em 1989, e, na cidade de São Paulo, a maior cidade do Brasil, esse curso não é oferecido por nenhuma universidade pública, cabendo essa tarefa a algumas faculdades particulares, entre elas, a Faculdade de Música Carlos Gomes.

Da mesma forma que o ensino segue o mercado editorial de partituras para a música popular: novo, porém promissor, a partir do final dos anos 80, precisamente em 1986, o produtor Almir Chediak fundou a Lumiar Editora com o objetivo de editar suas obras e em 1988 publicou o primeiro livro de partituras, o Songbook Caetano Veloso, abrindo-se o mercado de editoração neste campo. Com isso, alguns compositores de música popular começaram a publicar suas músicas e seus projetos pedagógicos em livros, contribuindo para que se possa conhecer melhor o projeto musical do artista, com partituras bem escritas, letras de música e cifras. O modelo de *songbook* vem do americano, livro de canções selecionadas de determinado compositor escrito com um pentagrama para a melodia, cifra (acima da melodia) e letra (abaixo da melodia). Entretanto, os *songbooks* da Lumiar, com exceção dos livros de Chico Buarque, vêm impressos com a letra separada da melodia, em duas versões redundantes, ou seja, há a versão com letra acompanhada de cifra (com desenho do braço do violão) e, na outra, há uma partitura com melodia e cifra, sem letra. Por que não colocar somente uma partitura com melodia, cifra e letra, deixando o desenho do braço do violão como apêndice no final do livro, para os que necessitam dessa "técnica"? Aparentemente impossíveis de se ler, faz-nos pensar que esse formato de publicação de partituras é voltado apenas a "leigos" cantores e músicos que não têm conhecimento de música, bastando a letra e o desenho do violão para servir de guia para a cifra.

Criada para abreviar a harmonia requerida, a cifra tem a função de orientar o instrumentista a executar a música sem precisar ler notas, porém é absolutamente imprescindível que se tenha noção de como "montar" esses acordes, e não somente copiar um desenho prévio, estabelecido. Há uma difícil tarefa aos instrumentistas de música popular, sobretudo aos pianistas, de praticar sistematicamente isso. Para tanto, necessitamos de bons livros didáticos, assim como de professores de música capacitados. Por outro lado, a grande maioria dos livros de música no Brasil não vem com data de registro da partitura publicada, com exceção dos quatro belíssimos volumes do *Songbook Chico Buarque* (Lumiar). Devemos aqui refletir que o simples fato de incluir a data na partitura de uma música é mais uma forma de resgate de nossa identidade cultural, contribuindo para que se conheça melhor a época em que a música se deu.

Outro fato que poderia contribuir para a melhor divulgação da boa música é a crítica jornalística, capaz de "entender" o projeto do artista, promovendo uma análise capaz de interpretar a música e, assim possibilitar que seja divulgada e assimilada por outras pessoas. Segundo o crítico de música do jornal *Folha de S.Paulo*, Arthur Nestrovski:

> A crítica expressa, sem dúvida, alguma coisa de gosto pessoal, tanto quanto guarda (ou deveria guardar) algo de objetivo e informativo também. Mas ela é mais do que opinião e reportagem e mais do que a soma dos dois. O crítico não está só defendendo uma escolha; o que interessa é a natureza dessa escolha" (Nestrovski, 2000, p. 10).

Percebemos, nessas palavras, que a crítica necessita estar ao lado do objeto de estudo, e não se posicionar contra ou a favor deste. Ao defender uma escolha, temos de ter, acima de seu gosto pessoal, um conhecimento intrínseco do que é debatido. O próprio Adorno pontua que o êxito de um crítico de cultura é apenas mensurado à medida que ele exerce a crítica, ou seja:

> O conhecimento efetivo dos temas não era primordial, mas sempre um produto secundário, e quanto mais falta ao crítico esse conhecimento, tanto mais essa carência passa a ser cuidadosamente substituída pelo eruditismo e pelo conformismo. Quando os críticos finalmente não entendem mais nada do que julgam em sua arena, a da arte, e deixam-se rebaixar com prazer ao papel de propagandistas ou censores, consuma-se neles a antiga falta de caráter do ofício (Adorno, 2001, p. 10).

Podemos dizer que esse sintoma acontece com alguma freqüência nas resenhas jornalísticas e na grande maioria dos textos sobre música popular, pois o crítico, tendo essa carência de conhecimento pregada por Adorno, ocupa-se em admitir seu gosto pessoal, em vez de se preocupar em interpretar a obra, analisá-la. Entretanto, ao fazer uma análise de um CD ou de um show, na grande maioria, a crítica musical não dá conta de entender e interpretar o projeto de um artista, do mesmo modo como é chocante a ausência de comentários analíticos sobre a música popular. O próprio compositor Chico Buarque, em entrevista há mais de dez anos para a *Folha de S.Paulo* (09/01/94), já afirmava que não temos crítica de música, somente de letra:

> É muito difícil alguém que compreenda a parte musical mesmo. Então é difícil encontrar quem saiba escrever sobre Tom Jobim. Nem compensa, é claro. Você não vai publicar uma partitura num jornal, publicar uma letra, porque qualquer um pode julgar aquilo. Para mim isso é frustrante, porque eu vejo a letra tão dependente da música e tão entranhada na melodia, meu trabalho é todo esse de fazer a coisa ser uma coisa só, que, geralmente, a letra estampada em jornal me choca um pouco. É quase uma estampa obscena (Chico Buarque, 1994).

Do mesmo modo que artistas se sentem frustrados com a receptividade crítica da imprensa, o público acaba criando uma idéia errônea do objeto analisado. Não deveria haver uma produção de textos da mesma ordem com que se produz música, capaz de instigar o leitor a discernir e interpretar determinada obra? Na prática, raros são os críticos que conhecem música suficientemente bem para analisá-la; a grande maioria acaba usando o espaço para tecer considerações ideológicas, fora do contexto musical. A crítica musical da época pouco contribuiu para que o movimento musical que estava surgindo pudesse ser interpretado e analisado de forma mais consistente e abrangente, sem se ater somente a discussões sociológicas e ideológicas, situação que ainda persiste nos dias atuais.

A bossa-nova teve, de fato, grande importância na constituição da música popular brasileira atual, sintetizando, em parte, a originalidade e a força da cultura nacional com uma música sofisticada, mas também simples em sua essência. Devemos sempre nos preocupar em melhorar o gosto musical de nosso país utilizando a melhor divulgação da "alta" música, popular e erudita. Não há possibilidade de diminuirmos a música comercial dos meios de comunicação se não melhorarmos a qualidade da música que ouvimos em casa. Para tanto, faz-se necessário um aprimoramento contínuo do ensino musical brasileiro, com a aquisição de melhores livros didáticos e discos, assim como de um engajamento político de instituições culturais e governamentais, para que assim possamos melhorar o nível cultural da população brasileira em geral.

Se Manuel Antônio de Almeida percebeu em 1855 que a música popular era "uma das nossas raras originalidades", devido ao papel importante que ela desempenhava na cultura brasileira moderna, a música popular já começa a ser estudada de forma mais criteriosa e pontual, para que se reconheça o real contexto em que as canções acontecem, e assim possamos contribuir para o melhor entendimento da nossa cultura.

REFERÊNCIAS BIBLIOGRÁFICAS

ADORNO, T. *Prismas*. São Paulo: Ática, 2001. p.10.
ALMEIDA, M. A. *Memórias de um Sargento de Milícias*. São Paulo: Ática, 1979.
BANDEIRA. M. Literatura de violão. *Revista da Música Popular*, n. 10. Rio de Janeiro, 1955.
CAMPOS, A. *Balanço da Bossa e outras bossas*. 5. ed. São Paulo: Perspectiva, 1993.
CASTRO, R. *Chega de saudade*. 3. ed. São Paulo: Companhia das Letras, 1990.
MASSI, A. Chico Buarque volta ao samba e rememora 30 anos de carreira. *Folha de S.Paulo*, São Paulo, 9 jan. 1994. http://www.chicobuarque.com.br/texto/entrevistas/entre_09_01_94.htm
MELLO, Z. H. *João Gilberto*. São Paulo: Publifolha, 2002.
NESTROVSKI, A. *Notas musicais*. São Paulo: Publifolha, 2000.
SEVERIANO, Jairo & MELLO, Zuza H. *A canção no tempo*, 3.ed. São Paulo: Editora 34, 1998.
SOUZA, T. O mito sem mistério. *Veja*: 12 maio 1971.
The New Real Book. Miami: Shuck Sher, 1995. p. 65-6.
TINHORÃO, J. R. *Música popular: um tema em debate*. São Paulo: Ed. 34, 1997.
TINHORÃO, J. R. *História social da música popular brasileira*. Lisboa: Caminho da Música, 1990.
VIANNA, H. *O mistério do samba*. 4a.ed. Rio de Janeiro: Jorge Zahar. Ed. UFRJ, 2002.

REFERÊNCIAS DISCOGRÁFICAS

CARDOSO, E. *Canção do Amor Demais*. Festa. FT 1801. 1958. 1 CD.

GETZ, S. *Jazz Samba* (com C. Byrd). Verve-EUA. 2304195. 1962. 1 CD.

GILBERTO, J. *Desafinado*. N.Mendonça e A.C.Jobim [Compositores]. In: *Getz/Gilberto Featuring A. C. Jobim*. Verve-EUA 314521-414. 1964. 1 CD.

GILBERTO, J. *Desafinado*. N. Mendonça e A. C. Jobim [Compositores]. In: *Chega de Saudade*. Rio de Janeiro: EMI-Odeon, 1959. 1 CD.

LILIANA BOLLOS é doutoranda em Comunicação e Semiótica da PUC-SP. Mestre em Música Popular e Ciência do Jazz na Universidade de Música e Artes Cênicas em Graz, na Áustria. Graduada em música (performance em piano – jazz) pela Universidade de Música e Artes Cênicas em Graz, Áustria. Bacharel e licenciada em Letras pela USP. É professora dos cursos de graduação e pós-graduação da FMCG, lecionando Língua Portuguesa, Piano Popular, Harmonia e Prática Instrumental Pedagógica – Piano. Já se apresentou com a cantora Alaíde Costa, com o cantor Mark Murphy (EUA), com o contrabaixista Sabá e com o escritor Ruy Castro (Projeto Bossa Nova), entre outros. Em 2004 apresentou-se com o guitarrista Fernando Corrêa em diversos jazzclubs pela Áustria, além de ter ministrado curso sobre música popular brasileira na Universidade de Salzburg.

❀ A IMPORTÂNCIA DO REPERTÓRIO DE MÚSICA BRASILEIRA NA FORMAÇÃO DO PIANISTA

Régis Gomide Costa

Pensar na música erudita brasileira é certamente pensar na obra para piano como um material exponencial produzido principalmente com o surgimento de Carlos Gomes[1] até os nossos dias. Quando se volta para a importância do repertório de música brasileira na formação do instrumentista nos cursos de graduação, ou mesmo anterior a essa etapa, é preciso observá-la sob a ótica de uma preocupação didática, defronte à escassez de material para pesquisa, como partituras e gravações. A falta desse material ainda é fruto de vazios que estão por serem preenchidos com a maior divulgação do conhecimento sobre a obra pianística da nossa história passada e recente, que, como afirma Kiefer (1997, p. 7), em relação à obra musical brasileira como um todo, "é mais rica do que se costuma pensar".

No que tange à música erudita brasileira, encontra-se a presença marcante e ainda ofuscante da consciência européia na formação do pianista, assim como em outros instrumentistas – sejam eles violinistas, violoncelistas, entre outros. Reflexo disso observa-se na análise de programas de concertos e dos programas de ensino dos cursos superiores de música, passando obviamente pelos programas de conservatórios, escolas de música e também no ensino "informal" (como aulas particulares). Quantas vezes, por certo, depara-se com a ênfase na música de Bach, com o livro de peças de Ana Magdalena Bach, Schumann, com miniaturas do *Álbum para a Juventude*, só para citar alguns[2], quando o aluno iniciante atinge determinado nível, desenvolvendo capacidades intelectuais e motoras para executar peças desse porte. Obras equiva-

---

1 Segundo Mariz, Carlos Gomes iniciou os estudos musicais tocando vários instrumentos. No entanto, tornou-se mais tarde um bom pianista acompanhador (p. 78) e compôs várias obras para piano ainda pouco conhecidas, como a *Valsa da bravura*.
2 Considera-se aqui que o aluno de piano já adquiriu o mínimo de leitura e desenvoltura na prática do instrumento. Não será levada em conta a iniciação musical.

lentes a essas escritas por compositores brasileiros podem ser encontradas em composições de Souza Lima, Heitor Alimonda, Lorenzo Fernandez, Guerra-Peixe, Francisco Mignone, Camargo Guarnieri, Villa-Lobos, entre tantos outros. Se analisarmos esse aspecto anterior, seguramente não se escapa ao estudo de vários minuetos, alguns números do referido álbum e *uma*[3] peça brasileira. Nas fases que se seguem, esse quadro se acentua, na medida em que se observa o acúmulo do repertório de tradição européia – este considerado universalista, mas, segundo Gilbert Chase (-apud Mariz, 1994, p. 36), "os norte-americanos pensam em '-europeísmo' quando falam em universalismo", e para o Brasil não parece ser diferente – e um "quase" estancamento do manancial de produção musical brasileira.

Outra referência similar pode ser encontrada na maior parte dos programas de concursos para piano no Brasil, já que ainda hoje estabelecem um estágio decisório na projeção do pianista brasileiro, sem levantar juízo de seus méritos ou deficiências. Das condições de um concurso encontram-se exigências tais como: sonatas, estudos de virtuosidade, concertos – obviamente de compositores europeus – e uma peça brasileira. Na somatória de todos esses concursos e suas peças – que ocorrem uma vez por ano e que o aluno escolhe de acordo com suas possibilidades – poderia, sem dúvida alguma, eleger-se variado repertório de concerto, em virtude da quantidade de peças estudadas de música européia, e incluir neles uma ou outra peça brasileira. Seria viável construir um programa de recital somente com música brasileira levando em conta esse padrão de organização? Teríamos pianistas participantes ou dispostos a se dedicar exclusivamente ao repertório de música brasileira para um evento dessa natureza? Distante de uma crítica ufanista ou arrogante, essas questões surgem a partir da observação dessa vivência no meio musical brasileiro. Por que não buscar uma atitude de equilíbrio nessa balança, mesmo que continuasse a pender para alguns dos lados, mas de modo tênue? Que bom seria se também houvesse um ou outro concurso que estabelecesse um

---

3 O grifo é do autor a fim de ressaltar o modo natural de secundarizar o repertório brasileiro em sua quantidade ou desproporcionalidade em relação àquele de tradição européia.

Faculdade de Música Carlos Gomes 141

programa em que se pudesse congregar somente o repertório brasileiro com obras pianísticas de Alberto Nepomuceno, Ernesto Nazaré, Henrique Oswald, Villa-Lobos, Francisco Mignone, Lorenzo Fernandez, Camargo Guarnieri, Almeida Prado, para citar alguns. Embora drásticas, vale estender as palavras de Mário de Andrade para o caso pianístico brasileiro: "Todo artista brasileiro que no momento atual fizer arte brasileira é um ser eficiente como valor humano. O que fizer arte internacional ou estrangeira, se não for gênio, é um inútil, um nulo" (apud Mariz, 1994, p. 33).

Nos currículos brasileiros de modo geral – sabendo que toda generalização decorre de algum modo em consideração injusta com relação a alguma instituição de ensino de música, seja ela de qualquer nível, superior ou não –, os panoramas ressaltados vêm se perpetuando desde a metade do século passado (nesse caso, não os concursos) até hoje, certamente observando profundas evoluções no sentido de valorização[4] da música brasileira. Em especial, esse fato se torna expressivo no terreno pianístico e principalmente após o movimento modernista da Semana de Arte Moderna de 1922. Mais ainda assim a música erudita brasileira, seja qual for sua formação de conjunto ou de instrumento solista, carece de maior reconhecimento, e este viria sem dúvida no acréscimo de nosso repertório de modo mais acentuado em todas as fases de formação do músico brasileiro. Essa atitude isolada não seria suficiente sem o amparo didático no campo de um aprofundamento na compreensão da linguagem musical como forma de expressão de nossos compositores e também como fator relevante para levar ao ouvinte maior identidade e intimismo com o repertório e o universo da música brasileira.

Sob o ponto de vista didático, é importante hoje na formação do músico brasileiro e, principalmente, do solista – referindo-se particularmente ao piano – buscar na pesquisa, por meio da análise musical, o reconhecimento de nossa linguagem e, acima de tudo, retratar com a maior proximidade possível a intenção do com-

---

4 A valorização tem implicação histórica, já que segundo Mário de Andrade: "foi a Grande Guerra, exacerbando a sanha nacional das nações imperialistas, de que somos tributários, que contribuiu decisoriamente para que esse nosso estado-de-consciência musical nacionalista se afirmasse, não mais como experiência individual, [...] mas como tendência coletiva" (Andrade, 1991, p. 24-5).

142 *Sonia Albano de Lima*

positor sobre sua obra. Segundo Kater (1990, p. IV), "nesse sentido poderíamos considerar que a análise busca lançar alguma luz sobre 'o quê', 'por quê' e 'como' a música nos provoca (na condição de compositor, intérprete e ouvinte-participante)". O intérprete – pianista – deve oportunizar e estimular a experimentação do repertório de música brasileira, calcado no profundo conhecimento de sua cultura e suas manifestações. Com base no pensamento sobre a linguagem da música de Deryck Cooke (1989), este propõe que a "música pode ser analogicamente relacionada para cada uma dessas três artes: para arquitetura, em sua construção pseudo-matemática; para pintura, em sua representação do objeto físico; e para literatura, em seu uso de uma linguagem para expressar emoção" (p. 1).

Muito sobre a música brasileira ainda reside sob a ótica do metafórico, que nos direciona exclusivamente ao efeito provocado pela obra, que, segundo Cooke, normalmente recebemos da poesia, mas não faz uma declaração objetiva sobre a intenção ou o procedimento técnico na construção musical, não contribuindo para avançar no mais profundo entendimento da essência da obra. Assim, pode-se falar da arquitetura musical, da pintura do som musical e da propensão para o literário quando se observa a preocupação do compositor em expressar o caráter, o modo e o sentimento que permeiam suas idéias ou mesmo os elementos inspiradores para seu processo composicional (1989, p. 1-2). Dessa forma, Kater continua relatando que:

> Se a análise da produção musical brasileira passada e contemporânea não adquirir entre nós maior sistemática, por um lado orientando o trabalho interpretativo, por outro impulsionando autênticas linhas de forças compositivas, a própria música brasileira correrá o risco de se tornar tão descartável quanto vem sendo a nossa história e memória musicais (Kater, 1990, p. V).

A importância da execução do repertório pianístico brasileiro, em conjunto uma pesquisa analítica, otimiza ao compositor a possibilidade de experimentar a si próprio, ouvir sua música e também desenvolver seu conhecimento técnico com base naquilo que sentiu e fez sentir no entendimento do intérprete, como resultado sonoro, e não só visual, na escrita musical retratada em partitura. A interpretação da música de nosso passado histórico também deve ser desconstruída e reconstruída sob o crivo da análise, expondo a essência de seus valores, definições de pontos de vista, a fim de promover a orientação/reorientação interpretativa. Nesse caso, deve-se levar em conta o relato histórico ou mesmo registros fonográficos de intérpretes da época, já que estes puderam conviver com aqueles compositores e retratar suas obras sob observação deles. No caso do intérprete contemporâneo, a importância do trabalho sobre o repertório de música brasileira também deve se voltar para a maior intensificação na proximidade com os compositores atuais (ainda vivos), que em sua maioria estão ligados às instituições de nível superior – graduações e pós-graduações. Estes de alguma forma anseiam por ver suas obras tocadas e mesmo registradas em gravações – altamente facilitadas hoje por seus recursos técnicos e econômicos –, já que os compositores estão aí para orientar, assim como relatar suas intenções em relação a todos os aspectos musicais indicados em suas partituras. Torna-se um momento ímpar na formação do intérprete esse precioso contato com o criador musical e, mais ainda, na projeção de sua carreira como intérprete, podendo estar à frente de um registro musical de sua época, servindo futuramente como referência desse relato.

Em função dessa tecnologia que está ao alcance de modo mais livre, sem os altos obstáculos técnicos e econômicos que até então as gravações impunham, tornando seu acesso limitado aos intérpretes renomados por sua genialidade, e que, conseqüentemente, acabavam por recorrer na restrição do registro e divulgação de nosso material sonoro, pode-se pensar que o pianista hoje tem muito por fazer no campo da música contemporânea brasileira, principalmente aquela produzida pós-Villa-Lobos. Essa oportunidade também parece ser de grande valor na medida em que abre uma esperança e otimiza reverter um quadro que assim descreveu Francisco Mignone:

144 *Sonia Albano de Lima*

Há algo de interessante no concertista, quando ele desaparece, automaticamente desaparece o trabalho que ele fez nesse efêmero período de tempo. O concertista é raramente lembrado, ao passo que o compositor é diferente, na medida em que ele deixa uma obra. É um patrimônio eterno que ele deixa para a sua Pátria (Martins, 1990, p. 146).

Mas, se considerarmos que o intérprete é o intermediário necessário para a preservação sonora, destinando o referencial auditivo ao público e a continuidade histórica da obra, vale crer que seu trabalho também pode perdurar como um patrimônio nacional, se houver a interdependência compositor/intérprete, por meio da consagração de seu registro, pois este poderá vir a ser de suma importância quanto mais acentuadamente se aproximar da proposta do compositor.

A obra pianística da geração pós-Villa-Lobos e mesmo aquela contemporânea, embora alcance relativa divulgação em concertos ou mesmo em gravações, ainda se encontra muito aquém do volume da produção musical brasileira realizada desde esse período até nossos dias. A música de Villa-Lobos é sem dúvida a obra mais divulgada e conhecida entre o público brasileiro e o público internacional. "Villa-Lobos encontrava-se igualmente como Mário de Andrade no plano da música, sendo ele também um apologista da funcionalidade da obra de arte, de seu destino social e educativo" (Neves, 1977, p.50). Neves continua sua narrativa declarando que:

O fato de ter participado ativamente de conjuntos de choro [...] deu a Villa-Lobos condições de fazer a transposição erudita deste gênero popular, ao qual ele acrescentou elementos tomados ao folclore de diferentes regiões (e mesmo certos temas indígenas), criando um clima sonoro que é ao mesmo tempo o reflexo da música popular urbana brasileira e um imenso painel de toda a sensibilidade musical de seu povo (ibid, p. 51).

Os fatores citados, aliados ao profundo conhecimento da técnica de composição musical, geraram obras de "arquitetura" de grandes proporções e complexidades rítmico-harmônicas, como na

Prole do bebê nº 1 (1918) e *nº 2* (1921), *Rudepoema* (1921-1926), *Cirandas* (1926) e mesmo seus concertos para piano e orquestra[5], para citar alguns. A organização e os princípios composicionais empregados na estruturação de suas obras certamente retratam o objeto físico – a imagem do Brasil – no emprego de materiais sonoros de imitação direta, aproximada e sugestiva para representar em seus "quadros" musicais o fenômeno visual que retrata "pictoricamente" nossas florestas, pássaros, enfim, a natureza brasileira como um todo, carregada de expressões literárias que tipicamente revelam a alma brasileira[6] e suas influências extramusicais. Diante de tal grandiosidade, que gerou a presença de Villa-Lobos no cenário musical brasileiro, houve acentuada concentração na divulgação de sua obra, seja em âmbito nacional ou internacional, pela identidade estética que se mostrava[7], bem como pela apresentação de suas obras por pianistas como Arthur Rubinstein. Esse foco de divulgação, aliado à força inerente de suas obras, juntamente com seu envolvimento em reuniões de grupos sociais escolares, acadêmicos, forças armadas, operários, entre outros, em concentrações orfeônicas[8], voltou as atenções dos estudantes e pianistas dos cursos de música para suas composições.

No que se refere ao "muito por fazer", anteriormente citado, observa-se que a genialidade da obra de Villa-Lobos de certo modo conduziu intérpretes do piano a um "despoliciamento cultural"[9] com relação à divulgação e registro de obras pré e pós villalobinianas, que vão de Alberto Nepomuceno (1864-1920) a Almeida Prado (1943), por exemplo. Encontramos gravações da obra de com-

---

5 Ao todo, Villa-Lobos compôs cinco concertos para piano e orquestra.

6 Para também lembrar o *Choro nº 5* para piano, intitulado *Alma brasileira* (1925).

7 Esse reconhecimento estético ocorreu posteriormente, já que ele não gozava do prestígio da crítica de sua época, senão aquela de Mário de Andrade e seus colegas compositores. Ver Neves, p. 53.

8 Villa-Lobos, em seu papel de educador, foi incumbido, em 1931, "de organizar e dirigir o SEMA (Superintendência de Educação Musical e Artística), que seria o primeiro passo para a criação, em 1942, do Conservatório Nacional do Canto Orfeônico. Antes realizou várias demonstrações públicas com massas corais até 40.000 vozes. O Orfeão dos professores surgiu no seu curso de pedagogia de música e canto orfeônico e, em 1932, promovido pela primeira vez no Teatro Municipal do Rio, sob regência de Walter Burle-Marx, onde eram interpretadas músicas simples, precedidas de comentários explicativos" (Mariz, 1994, p.158).

9 O termo é utilizado por Mário de Andrade quando este acusa as condições insuficientes no país para o preparo técnico do músico brasileiro. No caso desse artigo, a referência ao termo não é incisiva, mas de alerta com relação a outras personalidades marcantes ou geniais que existem ou mesmo possam estar surgindo no Brasil.

positores como: Camargo Guarnieri, Lorenzo Fernandez, Frutuoso Viana, Francisco Mignone, Guerra-Peixe, Edino Krieger, Esther Scliar, Bruno Kiefer, espalhadas em uma ou outra obra musical, quase ou simplesmente com um registro único[10]. Dificilmente se pode reunir coleções de gravações que contenham a mesma peça de um compositor brasileiro, salvo parte da obra de Villa-Lobos, como um Rudepoema, por exemplo, para uma análise crítica de como este ou aquele intérprete leu e sentiu a obra musical do compositor. Isso se deve ao fato de um ou outro intérprete registrarem obras que outro não gravou ou que ninguém tenha gravado, permitindo, assim, produzir novo registro. Desta forma, esse fenômeno denota, de fato, a escassez do material musical erudito brasileiro, revelando a lacuna existente no campo do registro fonográfico. Do mesmo modo, observa-se nos concertos públicos o apego por parte dos intérpretes à obra de Villa-Lobos, tornando "secundária" a execução de repertórios alternativos, com obras de outros importantes compositores de nossa história, tais como os citados anteriormente.

Embora esse texto não discuta a perenidade ou não do intérprete, como o faz Martins (1990, p. 146-58), trata-se aqui de discutir a fragilidade em que se encontra o relato histórico-musical sonoro brasileiro. Tal qual o país ainda carece de literaturas teóricas e técnico-analíticas, o mesmo, ou de modo mais acentuado, percebe-se no âmbito sonoro, por meio de seu registro. Nesse sentido, esse texto vem de encontro ao pensamento de Martins, que com propriedade afirma:

> O intérprete-intérprete, aquele que durante o seu exercício instrumental é cultuado, tende ao obscurantismo. Quando atrelado ao compositor que permanece, igualmente permanecerá como o satélite de um astro. Sob outro ângulo, o intérprete que deixou escrita parte de sua experiência junto ao compositor, seu testemunho sobre a interpretação de uma obra, discutiu problemas composicionais ou estéticos, poderá prolongar-se no decorrer histórico (ibid, p. 155)

---

10 De forma alguma, considerações sobre a qualidade das gravações sob o ponto de vista interpretativo são aqui levadas em conta. Apenas observa-se a escassez acentuada de material fonográfico no Brasil.

As instituições de ensino de música hoje no Brasil apresentam um ambiente em que se pode ter maior expectativa para o florescimento dos aspectos abordados, já que em grande parte, um número considerável de compositores de alguma forma estão ligados às instituições musicais. Dentro dessa esfera que tem por objetivo qualificar o pensamento e a produção musical do país, seu contingente deve estar estimulado e em permanente contato com a música brasileira. Esse trabalho é sem dúvida vasto e árduo, como afirmava Mário de Andrade, observando que se deve dar aos universitários brasileiros, e aqui estenderia esse pensamento aos demais níveis de ensino musical, "a oportunidade de tomar contato com a música fina, e nela se educar. Não é exagero patriótico afirmar que há no Brasil muita gente capaz de uma vida artístico-musical mais elevada. E é com essa gente que contamos" (Coli, 1998, p. 378-9).

Sendo assim, a importância do repertório de música brasileira na formação do intérprete brasileiro desempenha papel vital, no sentido de manter o interesse e gerar outros em nosso público e nos estudantes, sobre nossa história e universo musical, este de elevado refinamento e de reconhecimento em terras estrangeiras – talvez mais lá do que aqui. Sem dúvida, o pianista hoje deve estar voltado não somente para o aspecto virtuosístico de sua formação – em muito, senão toda ela adquirida e calcada num repertório de tradição européia –, mas também na execução e no registro do material sonoro brasileiro. Este será maior na sua qualidade se o intérprete do piano, ou de qualquer instrumento, refletir sobre os elementos musicais e suas aplicações na obra. Esse objetivo certamente passa pela análise musical da obra em todos os seus parâmetros a serem observados, para assim exprimir, de modo responsável, interpretações que se tornem o mais próximo possível das reais intenções do compositor, promovendo a criação/recriação do universo sonoro proposto por ele. Esse fato se torna mais vivo no instante em que há a oportunidade do estreito contato entre compositor e intérprete na troca de conhecimento dos elementos físicos e poéticos da música, o qual o repertório pianístico brasileiro tem, e com abundância.

A execução pública e o registro fonográfico, posterior aos aspectos citados, certamente contribuirão para que os intérpretes contemporâneos e os que estão por vir se tornem mais perenes, a fim de manter viva nossa história musical sonora, tentando minimizar o despoliciamento cultural. Nas palavras do crítico Oscar Guanabarino (1851-1937), "não tem pátria o povo que não canta na sua língua" (Neves, 1991, p. 113). As manifestações pianísticas brasileiras na música erudita muito retratam a identidade da alma brasileira e são responsáveis, em grande parte, pela consagração dos compositores nacionais aqui e no exterior, oportunizando hoje maior destaque e sobrevida ao intérprete do instrumento, no sentido de abrir portas para a produção musical de material recente e do passado ainda desconhecido do público e dos alunos, que muito têm a desenvolver no terreno da formação de uma consciência histórico-musical brasileira para os pianistas.

REFERÊNCIAS BIBLIOGRÁFICAS

ANDRADE, Mário. *Aspectos da música brasileira*. Rio de Janeiro: Villa Rica, 1991.
COLI, Jorge. *Música final: Mário de Andrade e sua Coluna Jornalística Mundo Musical*. Campinas, SP: Editora da Unicamp, 1998.
COOKE, Deryck. *The language of music*. Oxford, New York: Oxford University Press, 1989.
DUNSBY, Jonathan. Execução e análise musical. *Opus 1: Revista da Associação de Pesquisa e Pós-Graduação em Música – Anppon*. Trad. Cristina Magaldi. Porto Alegre, a. I, n. 1, p. 6-23, dez. 1990.
KATER, Carlos. O que visa a análise musical. *Cadernos de Estudo: Análise Musical*. São Paulo, n. 3, p. IV-V, out. 1990.
KIEFER, Bruno. *História da música brasileira: dos primórdios ao início do século XX*. 2. ed. Porto Alegre: Movimento, 1977.
____. *Villa-Lobos e o modernismo na música brasileira*. 2. ed. Porto Alegre: Movimento, 1986.
MARTINS, José Eduardo. *Encontros sob música (1980-1990)*. 1. ed. Belém-Pará: Cejup, 1990.
NEVES, José Maria. *Música contemporânea brasileira*. 1. ed. São Paulo: Ricordi Brasileira, 1981.

RÉGIS GOMIDE COSTA é graduado pela Universidade de Campinas (Unicamp) na classe do professor e concertista Fernando Lopes. Mestre em música (práticas interpretativas) pela Universidade de Porto Alegre na classe do professor e pianista Ney Fialkow. É aluno doutorando pela Unicamp. Foi aluno da compositora e pianista Lina Pires de Campos. Tem freqüentado cursos internacionais, como o Sipo (Semana Internacional do Piano em Óbidos – Portugal), na classe do pianista Paul-Badura Skoda, e o Summer Academie em Konz, na Alemanha, onde realizou dois concertos. Foi pianista executante em masterclass da pianista Anne Schein, de Caio Pagano e Luiz de Moura Castro. Dentre os concursos já realizados, destacam-se: 1º lugar e os prêmios de melhor intérprete de Carlos Gomes, Liszt e Francisco Mignone no Concurso Estímulo da Secretaria de Cultura do Estado de São Paulo; 4º lugar no concurso sul-americano de Barra Bonita (SP) e premiações nos concursos nacionais de Brasília (DF) e Belo Horizonte (MG). Atualmente, vem se apresentando em cidades do interior e capitais de estados, como Minas Gerais, São Paulo, Santa Catarina e Rio Grande do Sul. Em Campinas, já atuou à frente da Orquestra da Unicamp (Unicâmera), sob regência do maestro Eduardo Ostergreen. É professor dos cursos de graduação e pós-graduação da Faculdade de Música Carlos Gomes. Foi professor da Universidade Estadual de Santa Catarina (Udesc) de 1994 a 1999.

❀ VARIAÇÃO DA PROJEÇÃO DA VOZ EM CANTORES COM O USO DA PRANCHA DE EQUILÍBRIO

Paula Maria Aristides de Oliveira Molinari

O aumento da projeção da voz em cantores será aqui abordado, difundindo-se a utilização da prancha de equilíbrio. A narrativa integrou os experimentos para o desenvolvimento da pesquisa em fonoaudiologia A Materialidade da Voz, pela Pontifícia Universidade Católica de São Paulo. O trabalho buscou apresentar a possibilidade de interação entre a teoria biomecanicista de Piret e Béziers, Godelieve Denys-Struyf e Phillippe Campignion ao desenvolvimento vocal em cantores, sem desconsiderar a prática de reorganização do movimento difundida por Ivaldo Bertazzo. O entendimento do mecanismo respiratório é de vital importância para a compreensão dos efeitos da prancha. Portanto, faz-se necessária uma incursão à anatomia do diafragma a partir das considerações de Campignion (1998), chegando à biomecânica de Piret e Béziers (1992), para finalmente entendermos a ação da prancha no aumento da projeção da voz em cantores.

Primeiramente, investigamos a importância da região lombossacra para o cantor. Na ocasião, eu participava de um curso de reeducação do movimento com o coreógrafo Ivaldo Bertazzo, que construiu sua prática a partir dos ensinamentos de Béziers, com quem teve contato pessoal, e de Campignion. Esse curso contribuiu muitíssimo para entender a importância da cintura pélvica nas ações dos cantores, uma vez que o coreógrafo dá especial destaque ao fazer artístico, sem descartar a importância do conhecimento da ação do corpo durante o movimento, por isso sua aplicação imediata na dança. Passei então a empregar seus ensinamentos no desenvolvimento vocal dos cantores.

O curso de Ivaldo Bertazzo é vivencial em sua maior parte, o que me possibilitou experimentar variadas formas de propiciar ao corpo uma condição de ação mais abrangente na realização de qualquer movimento, buscando otimizá-lo ao máximo e usando nossa capacidade muscular sem fixações negativas que levem a um desgaste maior.

Organizando-se o movimento a partir de ações cotidianas, logo de início, percebemos coletivamente as mudanças, inclusive na voz, que é nosso principal objeto de estudo.

Embora o assunto seja um tanto técnico, é importante frisarmos que ele se faz necessário para a compreensão da ação e do resultado prático que dele vamos usufruir.

Questões anatômicas

O diafragma é representado com um traço, na maioria das vezes com uma indicação do movimento inspiratório e expiratório, como no desenho.

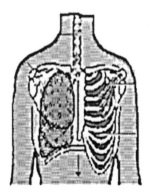 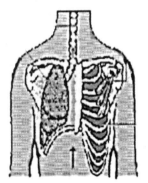

Figura 1 – Representação bastante utilizada do movimento diafragmático[1].

Essa representação leva o leitor menos avisado à falsa idéia de dimensão e forma desse importante músculo. Campignion (1998) começa justamente descrevendo o diafragma e suas inserções aponevróticas.

---

1 Figura de Molinari (2000, p. 10).

Entendemos as inserções aponevróticas como pontos onde os feixes musculares se encontram, estabelecendo relação com o músculo próximo. Simplificadamente, é como se localizássemos a chave que liga vários fios ligados a aparelhos, e essa, por sua vez, também se ligasse a outra rede ou a outra chave, criando relações entre si. É uma reação em cadeia.

Entender o que são as aponevroses é um dos pontos importantes de nossa incursão anatômica. Compreendendo a aponevrose, podemos estabelecer claramente como os músculos mais distantes do corpo se inter-relacionam, e como se inter-relacionam os órgãos e todo o sistema vertebral.

Imagine alguém como um músculo qualquer – sugiro pensarmos no diafragma, já que é dele que falamos. Coloque uma pessoa representando esse músculo e peça a outra que represente sua inserção na coluna vertebral. Uma deve tocar a outra como se fosse a própria parte que representa. Uma outra pode representar as vísceras abdominais e, a partir delas, o quadril; do quadril, os membros inferiores, e assim sucessivamente, cada uma delas representando uma das partes. Montado o grupo, peça que apenas um se movimente. Você irá constatar que será impossível a ação isolada e verá como tudo se relaciona via aponevrose. Daí em diante ficará mais clara a necessidade de compreendermos como tudo funciona para melhorarmos o desempenho de uma região específica.

Segundo Campignion (1998, p. 13), "o diafragma é classicamente descrito como um músculo delgado e achatado, que separa a cavidade torácica da cavidade abdominal (*septum transversum*)". Talvez essa descrição justifique sua representação no desenho acima, mas, de qualquer modo, o diafragma tem a forma de "cúpula côncava, na parte de baixo, cuja base está em relação com o contorno da caixa torácica". Essa cúpula é ainda mais alta à direita e, na expiração, chega à altura do quinto arco costal, enquanto, do lado esquerdo, chega ao sexto arco. Na figura, podemos entender melhor sua forma e seu posicionamento em relação aos arcos costais.

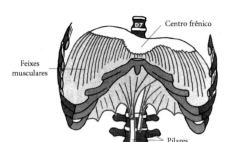

Figura 2 – Diafragma em relação aos arcos costais[2].

Na parte inferior, o diafragma relaciona-se com as vísceras abdominais e, na superior, com os pulmões e o pericárdio, que é uma espécie de *saco* membranoso que envolve o coração. O centro do diafragma é fibroso e sua parte mais periférica é muscular. Segundo Campignion, esse centro é considerado por outros autores como "uma série de músculos digástricos", como se vê na figura (Campignion, 1998, p. 13). O termo "digástrico" refere-se ao músculo que tem "duas partes carnosas ligadas por um tendão" (Fernandes, Luft e Guimarães, 1993, p. 293).

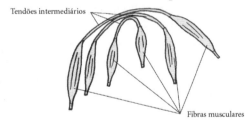

Figura 3 – Exemplo de músculo digástrico[3].

As fibras do centro constituem o centro frênico ou a porção tendinosa. Têm a forma de um trevo com três folíolos. O termo folíolo vem do latim *foliolu*, que significa pequena folha. Na botânica também é usado para especificar "cada uma das divisões articuladas das folhas compostas" (Fernandes, Luft e Guimarães, 1993, p. 367). A figura 4 ilustra bem essa definição.

---
2 Figura de Campignion (1998, p. 14).
3 Figura de Campignion (1998, p. 14).

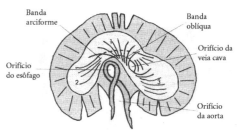

Figura 4 – Centro frênico[4].

Podemos observar, pela figura, que, "na junção entre o folíolo direito e o anterior, encontramos o orifício da veia cava inferior, que resulta do cruzamento das duas faixas" (Campignion, 1998, p. 14). Esse orifício onde a veia cava adere tem diâmetro de aproximadamente 2,5 a 3 centímetros e pode deformar-se[5].

Inserções musculares

Quanto às inserções do diafragma na musculatura, o autor as classifica em inserções costais e continuidades aponevróticas, inserções esternais e continuidades musculoaponevróticas, inserções lombares, costais e elos aponevróticos. Prossegue apontando suas relações com o tórax e com os órgãos abdominais e ainda sua ação sobre a estática vertebral.

Por meio de tais inserções e continuidades, o diafragma se inter-relaciona com todo o tronco, cabeça e membros inferiores. Quando pensamos numa atitude solista do diafragma na organização respiratória, estamos negando, de certa forma, suas relações com todo o corpo.

Do diafragma, segundo Campignion, depende a estática vertebral, graças à ação de seus pilares na região lombar, gerando a lordose fisiológica. Devido à abrangência da ação de tal músculo, o autor leva-nos a pensar que podemos trabalhar com a respiração, partindo do trabalho com o corpo.

4 Figura de Campignion (1998, p. 15).
5 O autor relata que, durante dissecções realizadas por ele, observou que a parede da veia cava difere muito da parede da aorta aquela é "delgada e inconsistente", enquanto esta se apresenta, em comparação, "sólida e muito pouco comprimível" (Campignion, 1998, p. 14). Isso, aliado à possibilidade de deformação, traz maior flexibilidade de adaptação. De qualquer forma, não muda o caminho que tomamos, apenas traz uma informação adicional sobre o dinamismo de adaptação e flexibilidade.

Conhecendo-se o foco e qual a real ação que desejamos provocar, podemos então buscá-la partindo da ação corporal, graças às aponevroses. Pensando nelas, podemos apresentar desafios ao corpo que irão refletir em melhores condições respiratórias, daí também o trabalho de Campignion denominar-se respir-ações. A ação corporal determinará a ação respiratória. Podemos acrescentar que eliminamos também a preocupação dirigida ao trabalho respiratório, que muitas vezes cria uma tensão excessiva e desnecessária sobre o foco respiração, retardando o desenvolvimento. Evitamos tal situação transformando a ação respiratória como resultado de um conjunto de fatores que trabalhamos a partir da organização do corpo todo em diferentes situações e desafios.

Para o autor, não se pode ensinar a respirar, e sim desenvolver a capacidade respiratória, respeitando o padrão já existente.

Durante séculos os cantores se ocuparam em estudar qual seria o melhor tipo respiratório aplicado à prática do canto. Num pequeno levantamento, chegamos às seguintes colocações ao longo do tempo:

Quadro 1 – Indicações para desenvolvimento respiratório do cantor

Autor/ compositor	data	Tipo respiratório indicado	Outras observações
Faurè	1866	Abdominal	Deve ser a respiração idêntica à do sono
Mackenzie	1887	Abdominal	Com uma ligeira descida do ventre
Joal	1923[6]	Costal	Com descida do ventre
Perellò	1975	Costodiafragmática	Deve ser a respiração idêntica à do sono
Bretanha	1986	Costal inferior ou abdominal	Não utilizar costal superior
Oiticica	1992	Diferente da fisiológica	A expiração deve ser controlada
Dinville	2001[7]	Costo-abdominal	Deve ser mais ampliada no canto que na fala

Podemos observar as diferenças de indicação, porém com semelhança nas observações. Tal ocorrência se dá pelo fato de que os

6 Joal foi citado em 1923, mas seu texto data do século XIX.
7 Claire Dinville teve o auge de sua carreira como cantora ainda na década de 30 e produziu textos e pesquisa até a década de 60. O ano de 2001 refere-se à publicação de seus escritos.

autores citados basearam-se na própria experiência para indicar um caminho a seus discípulos. Como cada um tem seu próprio perfil corporal, encontramos diversos caminhos para chegar ao resultado pretendido. Todos estão corretos, porque observaram seu próprio padrão para se desenvolver, e os alunos, por sua vez, identificam-se mais ou menos com uma forma de respirar, porque se identificam corporalmente com um ou com outro.

Quando pudermos observar quais os movimentos de base necessários a qualquer organismo, então poderemos entender qual a indicação que daremos a uma ou outra pessoa mais diretamente, evitando uma única orientação para todos, o que seria, desse ponto de vista, uma visão menos abrangente.

Ao estudar Campignion, passamos a observar as diferenças e a direcionar o desenvolvimento respiratório, de maneira a respeitar o padrão individual de cada aluno, assegurando-lhe, por exemplo, que ele possa partir de algo que já está constituído e, dessa maneira, ter um desenvolvimento mais rápido. Nesse ponto, é primordial um grande repertório de exercícios que estimulem o corpo a entrar em organização.

Ivaldo Bertazzo, coreógrafo e diretor do Centro Brasileiro de Cadeias Musculares e Técnicas GDS, filiado ao ICTGDS da Bélgica, contribui imensamente para o entendimento biomecânico do corpo e o desenvolvimento de técnicas que possibilitem uma organização corporal diante de desafios que irão solicitar ações de grupos musculares específicos. Seus exercícios são baseados no conhecimento do movimento e de como este se processa no corpo. Com tal conhecimento, podemos criar exercícios para otimizar o desenvolvimento de uma ação respiratória mais satisfatória para a prática do canto, uma vez que temos a vivência do fazer dirigido a tal prática. É bom lembrar que estar em movimento não significa apenas andar, correr, pular. Cantar é uma ação que ocorre no movimento complexo de diferentes grupos musculares, mesmo com a pessoa em aparente repouso corporal.

Ao estudar o corpo em movimento nas suas várias possibilidades, constatamos que a cintura pélvica é um centro motor. Tanto Béziers quanto Campignion consideram a região lombossacra nas diferentes situações, como organizadora do movimento e da respiração.

O bom andar, o bom sentar, o bom respirar e até a boa qualidade de uma postura aparentemente imóvel dependem de uma enorme série de pequenas adaptações que, de uma forma ou de outra, nascem ou culminam na cintura pélvica, antes denominada região lombossacra.

Na busca de uma organização da cintura pélvica, conheci a prancha de equilíbrio em uma das vivências do curso de reorganização do movimento ministrado por Ivaldo Bertazzo. Imediatamente após ter me colocado sobre ela, senti grande ampliação dos espaços internos do tronco. Parecia ter realizado uma série de vocalizes, o que me levou a cantar imediatamente. A partir dessa experiência, começou uma longa investigação das possibilidades, devido à abrangência do som produzido com um mínimo desgaste. Desde quando experimentei o exercício, levantei a possibilidade de utilizá-lo para o desenvolvimento vocal dos cantores.

A prancha de equilíbrio é comumente utilizada por fisioterapeutas como coadjuvante no trabalho de reabilitação. Ivaldo Bertazzo utiliza-a, em dimensão menor, para melhorar o posicionamento do quadril e de membros inferiores, vislumbrando uma ação corporal mais complexa e que se dinamiza na dança. A prancha impõe o desafio da manutenção da posição em pé usando todo o sistema corporal com e contra a gravidade, ou seja, flexibilizando a estrutura corporal e distribuindo o peso corporal, o que gera o equilíbrio de tensões.

Quanto ao termo tensão, é necessário deixar claro que se trata de uma condição necessária para a ação. O relaxamento da musculatura ou a rigidez de nada servem para propiciar movimento e comunicação; o que aqui buscamos é a tensão que organiza. Para as autoras Piret e Béziers (1992), "forma e movimento são solidários de um mesmo estado de tensão, que se modifica sem se destruir" (p. 21).

Bertazzo trabalha com a biomecânica de Piret e Béziers, em que é preciso reconhecer um corpo que se move diante de um projeto de vida. Devemos olhar para a figura de um corpo e pensar em sua construção teórica, levando em conta esse reconhecimento. Esse olhar distingue a postura das autoras de outros biomecanicistas. É muito útil à compreensão de sua abordagem a seguinte afirmação de Piret e Béziers (1992):

> Na realidade, todo gesto é carregado de psiquismo, e o investimento do fator psicológico no movimento é análogo ao da motricidade no psiquismo. A coordenação motora nos permite compreender o movimento como um todo organizado, capaz de situar-se paralelamente ao psiquismo, com ele e perante ele. Então, um poderá ser estudado em função do outro (Piret, 1992, p. 13).

Para Piret e Béziers não há o conceito de dualidade entre corpo e mente. Seja o que for que trabalhamos, estamos agindo integralmente na unidade do ser humano. Podemos chamar de uma visão psicocorporal, ou seja, que jamais vislumbra o corpo apenas como uma série de músculos, ossos e órgãos. Sempre que tratam do corpo, tratam-no sob uma visão mais global. Nessa perspectiva, as autoras dividem o organismo em unidades de coordenação, sendo: membros superiores, inferiores e tronco (esta é a mais complexa das unidades de coordenação).

Da relação entre cabeça e bacia depende toda a organização do tronco. A boa relação entre as abóbadas e seus eixos assegura um tronco organizado. A aproximação ou o distanciamento dessas esferas pode provocar encurtamentos musculares tanto num eixo como no outro, dificultando a boa dinâmica do tronco. Cabeça e bacia integram, pois, um todo, que chamaremos de sistema reto-abdominal.

Para a questão vocal, a compreensão de tais estruturas é de grande importância, pelo fato de que os encurtamentos acarretam menor flexibilidade na musculatura. Quando tratamos do tronco, estamos nos referindo à grande estrutura muscular que regula nossos estados de tensão, que se traduzem em maior ou menor projeção, graças ao bom funcionamento muscular e à manutenção dos espaços internos.

Bertazzo (mód. I, s.d.) afirma que qualquer tipo de desequilíbrio entre as partes da bacia pode ser a causa da alteração no posicionamento e na função adequada dos membros inferiores, que chega aos membros superiores por extensão ou compensação. Também declara que a bacia funciona como um medidor dos desequilíbrios de tensões musculares existentes nos membros ou no tronco, chegando às vezes a ser a própria causa dos desequilíbrios (mod. I, s.d, p. 75-6).

Os desequilíbrios vão alterar a condição respiratória, o equilíbrio de tensões e, em maior ou menor proporção, a emissão vocal. Aqui a ação da prancha de equilíbrio está relacionada primeiramente com a organização das unidades de coordenação, quando, diante do desafio, o corpo coloca em boa função todo o sistema muscular e ósseo.

A prancha é constituída de uma placa de madeira maciça em formato circular com uma base arredondada que cria a instabilidade. Podemos observá-la na figura.

Quando o cantor utiliza a prancha como base, está criando no corpo um desafio para se manter em pé. Para tal, o peso se distribuiu e só é possível manter-se na posição quando há uma regularização das tensões e, portanto, como já vimos, uma boa condição para a emissão vocal. O pé fica sensibilizado e realmente passamos a utilizá-lo como base, enquanto o sistema reto pode manter sua função sem encurtamentos, porque a bacia e a cabeça ganham estabilidade graças à sua ação eficaz. Tudo ocorre naturalmente, sem que o aluno necessite do conhecimento de todas as estruturas musculares, porém o professor que o orienta deve estar ciente do que está ocorrendo, para melhor conduzir suas ações e, se necessário, criar outros tipos de desafio corporais para alcançar o efeito desejado. É muito importante para o professor vivenciar anteriormente essa experiência para então compreender sua abrangência. Podemos descobrir onde pode estar a maior rigidez do aluno observando-o estabilizar-se sobre a prancha. Há quem tenha grande tendência em se manter em pé, sobrecarregando a musculatura posterior. Aliás, em uma pesquisa de bases quantitativas, podemos dimensionar a prevalência postural em cantores, anterior ou posterior.

Nos sujeitos que passaram pela experiência, procuramos observar a mudança no padrão vocal e constatamos, como maior alteração, o aumento da projeção vocal. Usamos a prancha para trazer ao cantor a sensação do corpo em organização e insistimos para que este busque a mesma sensação quando está fora dela. Aos poucos, vamos incluindo movimento aos membros superiores e inferiores, até que estar sobre a prancha constitua uma ação completamente despreocupada e natural.

Na figura anterior registramos um recital feito sobre a prancha, onde gravamos a mesma música feita com e sem a prancha. Também registramos os depoimentos dos ouvintes quanto à percepção das diferenças, já que a situação foi exposta à platéia. As diferenças foram percebidas pelos ouvintes. A manutenção da projeção adquirida quando o cantor está fora da prancha depende da regularidade e da consciência da ação de cada cantor.

Considerações finais

Do trabalho realizado, concluímos que:

1. Da confluência entre os princípios da reorganização do movimento apoiadas na visão psicocorporal de Piret e Béziers (1992), as práticas desenvolvidas por Bertazzo (1998 e 2004) e o conhecimento anatômico e biomecânico de Campignion (1998 e 2003), resultaram aplicações interessantes no ensino musical em

geral e no canto em particular, que permitem grande liberdade do trabalho – independentemente do estilo musical, já que têm seu princípio unificador no corpo humano e na dinâmica de adaptação ao movimento.

2. As mudanças vocais derivadas desse trabalho devem-se à possibilidade de manutenção da flexibilidade tônica necessária à emissão em suas diversas demandas interpretativas, podendo se constituir numa nova proposta de desenvolvimento técnico vocal.

3. Afirmamos a necessidade de pesquisa continuada para uma ampliação do diálogo entre as diversas áreas em que se apóiam, no que concerne à abrangência dos resultados.

Diante de tal recorte, esperamos ter contribuído para uma direção mais global na busca de exercícios de desenvolvimento vocal e, particularmente, apontamos tais exercícios para a limpeza e definição do gesto em regentes, como mais uma das possibilidades de aplicação da prancha.

Mais recentemente, em junho de 2005, a prancha também foi utilizada em aula para o grupo pedagógico do Centre Artistique International Roy Hart, na França, do qual faço parte, e obteve total aceitação dos professores que o integram. Atualmente, a prancha utilizada durante a pesquisa encontra-se lá para as aulas de desenvolvimento vocal.

REFERÊNCIAS BIBLIOGRÁFICAS

BERTAZZO, I. (org.). *Curso de reeducação do movimento* [apostilado] Módulo I. São Paulo: Escola de Reeducação do Movimento Ivaldo Bertazzo; Centro Brasileiro de Cadeias Musculares e Técnicas GDS.; Centro Brasileiro de Coordenação Motora em associação com M. M. Béziers e Yva Hunsinger, s.d., 88 p.

____. *Cidadão corpo – identidade e autonomia do movimento*. 2. ed. São Paulo: Summus, 1998.

____. *Orientação à pesquisa* [videocassete]. São Paulo: Escola de Reeducação do Movimento Ivaldo Bertazzo, 2003.

____. *Espaço corpo: guia de reeducação do movimento*. São Paulo: Sesc, 2004.

162 *Sonia Albano de Lima*

____. *Revista e os artistas do futuro.* São Paulo: Sesc-SP, março de 2004. n. 9, a. 10, p. 22-5.

CAMPIGNION, P. *Respirações: a respiração para uma vida saudável.* Trad. Lucia Campello Hahn. São Paulo: Summus, 1998. 143p.

____. *Aspectos biomecânicos: cadeias musculares e articulares – Método GDS – Noções básicas.* Trad. Maria Lucia Campello Hahn. São Paulo: Summus, 2003. 142p.

DINVILLE, C. *Os distúrbios da voz e sua reeducação.* 2. ed. Rio de Janeiro: Enelivros, 2001. p. 255-81.

____. *Toque e cante.* São Paulo: Daise Publicações Musicais, 2000.

____. *A materialidade da voz.* São Paulo, 2004. Dissertação (Mestrado). Pontifícia Universidade Católica.

OITICICA, V. *O bê-a-bá da técnica vocal.* Brasília: Musimed, 1992.

PERELLÓ, J.; CABALLÉ, M.; GUITART, E. *Canto-dicción.* Barcelona, Espanha: Científico-Médica, 1975. p. 62-5.

PIRET, S.; BÉZIERS, M. M. *A coordenação motora: aspecto mecânico da organização psicomotora do homem.* Trad. Angela Santos. Revisão técnica Lucia Campillo Hahn. São Paulo: Summus, 1992.

RICCI, Vittorio. *Il bel canto – florilégio di pensieri, consigli e precetti sul canto.* 2. ed. Milão: Real Casa, 1923.

PAULA MOLINARI é mestre em Fonoaudiologia/Voz Cantada pela PUC-SP, especialista em Práticas Instrumentais pela FMCG, bacharel em Canto, formada em reeducação do movimento e técnicas GDS pelo Instituto Brasileiro de Cadeias Musculares e Técnicas GDS (filiado ao ICTGDS da Bélgica), sob a orientação do coreógrafo Ivaldo Bertazzo, e em Áudio e Acústica pelo Instituto de Áudio e Vídeo, SP. É estagiária do Centre Artistique Roy Hart (França) em técnica vocal e performance e Coordenadora Geral do Projeto Big Band da Secretaria Municipal de Cultura – SP. Como cantora apresentou-se sob a regência de Theodor Schrage para o presidente da Alemanha em visita ao Brasil (1996), participou das óperas *Carmen* – Bizet com o grupo Cena e Canto –SP e também de *A Flauta Mágica,* com a orquestra de Curitiba. Fez uma série de recitais junto ao violoncelista Walter Moure e o violonista Fernando Poles, apresentando a obra completa de John Dowland. Na música popular, atua com espetáculos temáticos, com repertório de música brasileira, jazz e música francesa, destacando-se o musical Maria Brasileira, apresentado no I Festival de Música Brasileira do Centro Cultural Brasil França em Paris. Em 2004, fez uma série de seis apresentações na França, junto ao pianista Samuel Tornquist (EUA), com o repertório de música brasileira e também duas apresentações de repertório camerístico junto a Walter Moure. Dirigiu e regeu o musical *Os saltimbancos* para as gravações do DVD ao vivo em 2004.

❀ A OSESP E O PROGRAMA FORMAÇÃO DE PÚBLICO: ALGUNS RESULTADOS RELACIONADOS À INCLUSÃO SOCIOCULTURAL DE CRIANÇAS E ADOLESCENTES

Susana Ester Krüger
Roberta Montosa Martinez
Flávia Lima
Vivian Amorim Poyart

O presente texto[1] apresenta alguns resultados sobre a inclusão sociocultural emergente da avaliação do Programa Formação de Público empreendido pela Orquestra Sinfônica do Estado de São Paulo (Osesp) em 2004. O Programa é constituído por *workshops* sobre música orquestral para professores das escolas e instituições inscritas, que os capacitam para o trabalho desse repertório em sala de aula, como preparação aos eventos didáticos; por eventos didáticos (Ensaios Gerais Abertos da Orquestra Sinfônica do Estado de São Paulo e *Concertos Didáticos* das Orquestras Sinfônicas de Santo André e da Universidade de São Paulo); e por material didático para professores e programas de concerto para o público. Para avaliar a integração desses eventos e materiais, foi elaborado um formulário de avaliação global, cujas respostas foram analisadas quantitativa e, principalmente, qualitativamente. Dentre os resultados obtidos até junho daquele ano, destacamos aqui as possibilidades de inclusão sociocultural apontadas pelos próprios professores e alunos. A partir destes, inferimos que o Programa não somente oferece atividades musicais e educativo-musicais fundamentadas em recentes estudos da área, as quais têm sido amplamente aprovadas pelos participantes por sua alta qualidade e diversidade, mas também contribui com a inclusão e o desenvolvimento sociocultural/musical de crianças, adolescentes, jovens e seus professores.

---

1 Resumo e comunicação apresentada no X Seminário do Fórum Latino-Americano de Educadores Musicais, realizado no período de 28 de setembro a 1º de outubro de 2004, Sesc – Vila Mariana, promoção do Fladem, Fapesp, IA-Unesp e apoio da FMCG.

A Orquestra Sinfônica do Estado de São Paulo, por meio de sua Coordenadoria de Programas Educacionais (doravante CPE/Osesp), desenvolve o Programa Formação de Público desde junho de 2002. O principal objetivo é ampliar, formar e manter novas platéias para a música de concerto (também chamada de orquestral, erudita ou clássica), em especial crianças e adolescentes das redes públicas de ensino e/ou de projetos socioculturais. Entre os objetivos secundários ou transversais, destacamos a inclusão sociocultural dos participantes e o fomento de atividades educativo-musicais específicas nas escolas.

Os demais programas empreendidos pela CPE/Osesp são o Programa Formação de Professores (desde 2001 capacitamos quase duzentos professores em vinte cursos de formação continuada em educação musical) e o Programa Editorial (em 2003, lançamos três livros em parceria com a Editora Moderna). De 2001 a 2004, também desenvolvemos o Programa Tecnológico, que resultou na implementação do Portal EduMusical e do software Editor Musical (www.edumusical.org.br; coordenação do projeto LSI/Epusp, apoio CNPq).

Em 2004, o Programa Formação de Público foi realizado em parceria com as secretarias da Cultura e da Educação do Estado de São Paulo, com a colaboração da Orquestra Sinfônica da Universidade de São Paulo (Osusp) e Orquestra Sinfônica de Santo André (Ossa). Foram realizados vinte e dois eventos: dez Ensaios Gerais Abertos da Osesp e doze Concertos Didáticos, sendo oito da Osusp e quatro da Ossa, organizados em seis faixas etárias (aproximadas): infantil (5 a 6-7 anos), infanto-juvenil (7-10, 11-14 anos), adolescentes (acima de 15 anos), terceira idade e famílias.

A fim de que a escola pudesse preparar os alunos para os eventos por meio de atividades educativo-musicais específicas a partir do repertório orquestral que seria apreciado, um professor de cada escola ou instituição inscrita participou do *workshop* sobre música orquestral (quatro eventos organizados segundo as faixas etárias correspondentes aos alunos do ensino básico). Eles familiarizaram os próprios professores com a música de concerto (uma vez que muitos ainda não haviam assistido a apresentações orquestrais ao vivo) e os procedimentos e conteúdos inerentes a esse contexto. Todos receberam apostilas com sugestões pedagógicas e informações mais detalhadas sobre as obras e seus compositores, e entre as atividades realizadas estão a apreciação de trechos das obras a serem executadas nos eventos e a realização e discussão de algumas atividades musicais que poderiam ser feitas nas escolas. Também foram realizadas visitas monitoradas pela Sala São Paulo (a cargo da equipe de monitoria do local), que apontaram os principais aspectos históricos sobre a construção inicial do complexo cultural e o processo de restauro e revitalização que resultou na sala de concertos. Os eventos didáticos foram de naturezas diferentes. Nos Ensaios Gerais Abertos da Osesp, os alunos assistiram ao último dia de ensaio de uma orquestra antes de sua apresentação oficial. Eles puderam verificar a dinâmica de um ensaio: como o maestro orienta os músicos para o aprimoramento final das obras, as repetições que músicos fazem para que cada trecho seja executado segundo a intenção musical do compositor (interpretada pelo maestro) etc. Além disso, geralmente os maestros apresentaram os instrumentos utilizados nas obras do ensaio e dedicaram um pequeno período para uma conversa informal com o público, em uma sessão de perguntas e respostas. Nos Concertos Didáticos, os instrumentos foram apresentados de forma mais elaborada, com pequenas demonstrações de seu som ou especificações de suas características. O repertório e a estrutura do evento foram adequados ao público de cada evento – diferentemente dos ensaios abertos, em que o público assistiu ao repertório da temporada anual da Osesp. Em cada evento, foi distribuído um Programa de Ensaio/Concerto, com as obras a serem apreciadas, uma breve descrição, suas orquestrações, biografias, informações sobre a orquestra e a Sala São Paulo, um ou mais passatempos, entre outras informações. Para os vinte e dois eventos, foram confeccionados dezoito programas diferentes, visto que os repertórios das orquestras variavam segundo a faixa etária e outros fatores.

No final de junho de 2004, o Programa ultrapassou 17 mil inscritos, sendo 55% de escolas públicas, 24% de particulares, 18% de instituições socioculturais e 3% de alunos e professores de música. No segundo semestre foram realizados concertos para adultos/terceira idade e para famílias. A Osesp determinou um valor simbólico para os ingressos, o qual é solicitado somente aos alunos/professores de escolas particulares e de música e do público em geral, que os adquire individualmente no dia do evento. Isso, somado à alta porcentagem de participação reservada às escolas públicas e instituições socioculturais, favorece que as pessoas com menor poder aquisitivo tenham acesso preferencial aos eventos.

Fundamentação pedagógico-musical

A fundamentação teórica adotada pela CPE/Osesp em 2004 considera os princípios pedagógico-musicais adotados desde o início de suas atividades (Krüger e Hentschke, 2003a e 2003b). Por isso, os *workshops*, em especial, têm como um de seus princípios norteadores a ampliação da consciência do professor sobre a própria prática, por meio dos processos de reflexão na ação e reflexão sobre a ação. As atividades são balizadas pelas mais recentes tendências educacionais, pedagógico-musicais, psicológicas, sociais e filosófico-musicais (como Swanwick, 1979, 1988, 1994, 1996-97 e 2003; Elliott, 1995; Hentschke, 1993; Schön, 2000, entre outros). O objetivo geral tem sido propiciar subsídios para o trabalho com música orquestral em sala de aula, não apenas como preparo dos alunos para os eventos didáticos do Programa, mas também como meio de promover atividades pedagógico-musicais mais freqüentes, específicas e aprofundadas.

Por exemplo, para Swanwick e Taylor (1982), a música pode intensificar a experiência de vida do ser humano, e por isso essa também é a melhor e mais satisfatória justificativa para a educação musical. "Todos reconhecemos que as necessidades humanas não são totalmente satisfeitas pelas provisões do bem-estar material e físico. As pessoas precisam fazer sentido de suas vidas, encontrar uma experiência rica e que valha a pena" (p. 6).

Embora a música tenha várias funções na vida do ser humano, na escola ela não deve ser confundida com divertimento, entretenimento ou ocupação de determinado tempo sem um objetivo musical a ser alcançado, por meio de processos e produtos construídos individual e socialmente. A música precisa ter valores e funções mais bem delineadas e intrínsecas, enquanto área específica do conhecimento humano. Acreditamos que, na medida em que a criança e o adolescente se desenvolvem musicalmente, serão alcançados resultados em outras áreas, como a social. Entretanto, quando a música é tratada como área de conhecimento, o desenvolvimento social será um dos muitos resultados naturais.

Avaliação do Programa

Em 2004, a avaliação do Programa teve como principal objetivo verificar se seu planejamento e execução alcançaram os resultados esperados em termos de integração, coerência e validade de suas atividades e materiais. Para tanto, empregamos o Estudo de levantamento de corte transversal, que se caracteriza pela coleta de dados de uma "porção da população de interesse (mais que um e menos que o total), na expectativa de que os indivíduos examinados propiciem informação que seja relativamente descritiva de uma população inteira" (Casey, 1992, p. 116).

Para tanto, utilizamos um questionário – Formulário de Avaliação Global (Muchielli, 1978), que deveria ser respondido pelo professor que participou de todo o processo (*workshop* – aulas na escola – evento didático), algumas vezes em conjunto com colegas e alunos. As análises foram quantitativas e qualitativas. O questionário foi elaborado de forma estruturada, com questões fechadas, abertas e de múltipla escolha, no caso com graduação em ordem de importância (Muchielli, 1978, p. 34-5, 37-8). As onze questões envolveram tanto o *workshop* quanto o trabalho em sala de aula, o material e o evento, sendo dispostas em ordem cronológica. No cabeçalho, solicitamos a identificação do professor(a), de sua escola/instituição, a data do evento didático assistido e a data de resposta do questionário.

Resultados parciais

Até junho de 2004 foram recebidas trinta e três avaliações de escolas e instituições que haviam participado no Programa durante o primeiro semestre, as quais foram analisadas para compor o presente texto. A seguir, apresentaremos alguns aspectos que emergiram das avaliações e se relacionam com a inclusão sociocultural dos participantes.

Atuação do professor como difusor(a) do conhecimento construído no *workshop*, preparação dos alunos e continuidade após o evento didático

Dos professores que responderam, apenas quatro não puderam repassar o conhecimento do *workshop* e da apostila aos colegas. Recebemos três justificativas: dois relataram que a escola havia sido inscrita após o período normal e a direção não avisou a professora que, conseqüentemente, faltou e não recebeu o material; outro mencionou que a semana anterior seria de preparação ao provão.

A maioria dos professores divulgou o evento a seus colegas no "horário coletivo" ou em reunião pedagógica na sala dos professores. Um professor relatou que forneceu uma explicação sobre o assunto: funcionamento da orquestra, como é a Sala São Paulo, história do prédio, idéias para trabalhar na classe com os alunos e uma pequena simulação de uma das atividades que poderiam ser trabalhadas com os alunos (LCC, EM[2]).

Outra professora relatou que "a divulgação para os educadores e para os educandos foi feita no mesmo momento, devido à falta de tempo":

> Propus uma oficina onde, no primeiro momento, falei um pouco sobre a história da orquestra e de alguns instrumentos. Fiz uso de alguns recursos visuais, como, por exemplo, fotos figuras e do *Dicionário Visual da Música* (Sturrock, 2000); também trabalhei com recursos de áudio

---

2 Os depoimentos serão identificados pelas iniciais e pelo tipo de instituição: CP – colégio particular; IS – instituição sociocultural; EE – escola estadual; e EM – escola municipal.

para demonstrar os sons de alguns instrumentos. No segundo momento propus a criação de uma orquestra de instrumentos de sucata e das partituras das músicas criadas pelos educandos, possibilitando a melhor compreensão do funcionamento de uma orquestra (DAA, IS).

Soubemos que todos preparam os alunos e a maioria continuou a fazê-lo mesmo após o evento. Alguns já haviam participado de cursos anteriores na Osesp, o que lhes permitiu fortalecer e ampliar seu trabalho. Todavia, de modo geral, foram ministradas aulas expositivas audiovisuais ou diálogos, sem muitas atividades musicais práticas (apreciação, composição e execução musicais). A preparação nem sempre foi focada na prática musical – muitos professores, sendo especialistas em outras linguagens artísticas, valeram-se de recursos visuais:

(a) Assistiram o filme *Pedro e o Lobo* de Walt Disney; (b) interpretação com dramatização em sala de aula; (c) confecção de cartazes em grupos sobre toda a história; (d) estudaram o som e o visual dos instrumentos da orquestra. A professora de educação artística confeccionou, com as turmas, cartões sobre os instrumentos da orquestra, e montaram "rolos" que entregamos no dia da audição do concerto (LMCMG, CP).

O relato a seguir demonstra o foco no conhecimento dos instrumentos musicais, utilizando recursos interdisciplinares:

Projeto "Conhecendo uma orquestra sinfônica" com objetivos: (a) conhecer e valorizar a cultura musical; (b) reconhecer os instrumentos da orquestra; (c) despertar o interesse pela música erudita; (d) incentivar o gosto por concertos. *1º momento*: pesquisa de ilustrações dos instrumentos, comentários sobre as dificuldades encontradas nessa pesquisa (pouquíssimas ilustrações de orquestras ou de alguns instrumentos menos populares); *2º momento*: vídeos educativos e informativos: A Orquestra de Perto, Conhecendo uma Orquestra, Pedro e o Lobo, No País da Matemágica (interdisciplinando com esportes, arte e matemática); livro: *A história da orquestra*; comentários coletivos e pessoais sobre os filmes e livros; desenho estrutural de uma orquestra; *3º momento*:

concerto na Sala São Paulo; 4º momento: comentários pessoais, impressões, emoções sobre o evento. Temas comentados: instrumentos mais conhecidos, instrumentos mais "esquisitos", instrumentos fáceis de carregar, instrumentos pesados demais, curiosidades (NMS, EE).

Nas atividades realizadas, os professores demonstraram valorizar o trabalho colaborativo e buscaram o desenvolvimento de sujeitos individualmente responsáveis pelo alcance dos objetivos do grupo:

> Comentamos sobre a postura dos músicos e regente, e os alunos apresentaram uma consciência maior na participação dos grupos (flauta, coral, bandinha rítmica), sabendo que cada membro é responsável pela sonoridade grupal. Estão conscientes da diversidade musical (EMPV, CP). "Numa comunidade carente como a dos nossos alunos, [destacou-se esta] oportunidade de vivenciar valores construtores com a organização, responsabilidade, capacidade e valorização profissional" (LCC, EM).

Diferenças entre o número de interessados e os que compareceram ao evento didático

Para identificar eventuais motivos que poderiam dificultar a participação dos alunos nos eventos, solicitamos que relatassem as diferenças entre o número de inscritos e o real número de participantes. Verificamos grande variação com relação ao comparecimento: em algumas escolas, faltaram apenas três alunos, em outras, dez, vinte e até quarenta. Entre os motivos relatados estão condições climáticas desfavoráveis, trânsito, horários, vésperas de feriado, viagens familiares inesperadas e provas. Mas chamou-nos a atenção que o principal motivo para muitas ausências foi a necessidade do pagamento de transporte, uma vez que naquele ano as escolas municipais não haviam recebido verba para cobrir esse custo. Portanto, as escolas solicitavam pequenas contribuições dos próprios alunos e/ou das associações de pais. Nas escolas estaduais (que receberam verba para transporte), essa problemática não foi relatada.

Avaliação do evento didático na Sala São Paulo

Alguns professores avaliaram e relataram as atitudes dos alunos durante ou depois do evento: "as crianças se comportaram muito bem e manifestaram interesse na apresentação" (CRG, EP); "avaliei os alunos por meio de atividades desenvolvidas em sala de aula, como produção de texto, confecção de fantoches, a forma de se comportar em equipe, capricho e a responsabilidade em manusear os instrumentos musicais e responder a um questionário" (MGRM, EE). Uma professora elencou vários resultados que parecem ter sido considerados positivos e que refletem a importância sociocultural do Programa, a seguir categorizados em quatro temas:

1. O deslumbramento que todos sentiram em relação ao local e ao evento.
2. A forma curiosa que demonstraram no desejo de ouvir outras músicas do mesmo gênero e falar sobre isso com outras pessoas, principalmente as que não foram.
3. Significado pessoal em termos de reconhecimento de direitos como cidadão.
4. Elevação da auto-estima. Como entre os alunos havia uma garota que estuda violino, foi uma excelente oportunidade de incentivo a seu talento e esforço para estudar (MSLL, EP).

Figura 1 – Alunos assistindo a um evento didático do Programa.

Foi ressaltado o envolvimento ativo das crianças e adolescentes nas orquestras, que, em alguns casos, incluiu a possibilidade de sentarem no palco com a orquestra e dialogarem com alguns maestros. Também foi mencionada a organização e a limpeza do local e o "carinho" demonstrado pelos alunos e professores: "os alunos amaram e deixaram o seguinte recado: 'foi ótimo, porque as equipes da Sala São Paulo nos atenderam muito bem' [...]. Portanto, podemos dizer que a orquestra sinfônica é maravilhosa e queremos voltar de novo" (MGRM, EE).

Para alguns professores, os alunos deveriam retornar aos eventos com as escolas, pois seus familiares não poderiam ou não teriam "interesse" em levá-los.

Dificilmente são levados por seus familiares, pois este tipo de cultura musical está um pouco longe da realidade de nossos educandos, e ter acesso apenas uma única vez não é suficiente para que se forme um público apreciador e crítico da música erudita. Mas já demos um grande passo com este Programa Formação de Público, pois se não fosse por este trabalho em parceria, talvez nossos educandos nunca pudessem conhecer tanta qualidade musical ou mesmo ter idéia do que é uma orquestra (LCC, EM).

[...] Porque enriquece todo o trabalho que é realizado em sala de aula e talvez seja a única oportunidade de fazê-lo ir a um concerto, porque na família brasileira não existe este hábito e é justamente isso que queremos mudar (AFS, CP).

Como também relatou uma professora, os próprios alunos gostariam de assistir a um novo evento didático com a escola, porque a "distância e o baixo poder aquisitivo" os impedem de "freqüentar concertos fora deste tipo de projeto" (NEB, EE).

O programa de concerto distribuído no evento didático

Todos apreciaram o programa de concerto. Alguns ressaltaram seus conteúdos: "muito ilustrativo, com boas informações sobre os instrumentos da orquestra e do repertório" (JL, CP); "muito instrutivo e objetivo [...] foi de grande importância para os professores e alunos terem diante de si um 'guia' com os principais tópicos a serem observados" (MS, CP).

Alguns professores relataram a opinião geral dos alunos: "eles adoraram todo o programa, o colorido, as atividades, gostariam de mais atividades" (LMCG, CP); "eles gostaram muito e queriam fazer as atividades logo" (EPLB, CP).

Eles relataram que os programas também serviram como motivação para familiares e colegas que não puderam participar dos eventos: "Encantamento. Muitos o levaram para casa e houve um bom retorno das próprias famílias. O programa também ajudou a divulgar o evento a que assistiram de uma forma muito convincente, deixando os que não foram com muita vontade de terem a mesma oportunidade" (MSLL, EP).

Figura 2 – Um dos *programas de concerto* distribuído aos participantes.

Perspectivas gerais sobre as possibilidades de inclusão sociocultural do Programa

Nesse Programa, a Osesp busca integrar escolas/instituições públicas e particulares, pessoas de maior e de menor poder aquisitivo, de diferentes origens, cidades e bairros, num objetivo único: apreciar a música orquestral. Percebemos que muitas escolas trabalham as interações entre grupos de origens socioculturais e econômicas diferentes de modo mais abrangente e inclusivo. Porém, registramos um caso que denota uma atitude preconceituosa por parte de uma única professora: "quando os alunos/as estavam formando a fila antes de entrar, uma professora que acompanhava uma outra escola (...), quando viu nossos alunos/as se aproximarem, comentou com suas colegas: 'pobre não tem jeito, é tudo a mesma cara, a gente conhece de longe' " (MSLL, EP). Por outro lado, uma professora de escola particular demonstrou grande apreço pela diversidade e participação conjunta de diferentes escolas/instituições: "é muito difícil dizer apenas um aspecto positivo, mas, a meu ver, o fato de estarem juntas, ouvindo música, crianças de escola pública e de escola particular, é um dos pontos altos" (CMSG, CP).

Acreditamos que esse depoimento reflete, de modo mais geral, o pensamento dos professores e alunos que participam dos eventos. Isso é confirmado na medida em que recebemos muito mais depoimentos positivos relacionados à mescla de condições socioculturais e econômicas dos participantes – como, por exemplo, do professor que mencionou que o evento "é uma excelente oportunidade de conhecimento cultural, ampliação da visão de mundo e aprendizagem de convívio social" (MSLL, EM). O mesmo foi relatado sobre o *workshop*: "além de preparar o professor para o evento, une professores de diferentes realidades e há uma troca de informações" (WAMA, EE).

A grande maioria dos depoimentos apontou para o alcance dos objetivos de inclusão sociocultural e pedagógico-musical. Para muitos professores, "o acesso à música erudita" foi o aspecto mais positivo de todo o Programa (MA, EM); e que "os alunos ficaram maravilhados com a construção, com a apresentação, uma vez que vêm de uma classe socioeconômica baixa" (WAMA, EE). Alguns alunos também registraram sua opinião: "o passeio à Sala São Paulo, mais que um passeio 'para ouvir música' (e de qualidade), foi também uma inclusão social, onde pessoas que talvez não poderiam ter acesso a esse tipo de arte puderam apreciá-la" (DO, EE). Uma aluna recomendaria o evento a seus colegas porque "todos tem esse direito de conhecer a orquestra" (MOS, EE).

Ressaltamos também a acessibilidade a esses eventos enquanto possibilidade de expansão do gosto musical dos alunos – uma preocupação de escolas/instituições públicas e particulares: "tornar acessível para este público este tipo de evento" (AFS, CP); "difundir a música erudita, descristalizar o olhar para com a questão da elitização do gênero musical" (ECV, CP); "o mais importante é o espaço que é aberto a nossa comunidade tão carente de cultura" (SPAK, EE). Um relato chamou a atenção pela difusão do conhecimento do repertório orquestral para toda a escola e as famílias:

> Conversamos sobre a experiência e eles pediram para freqüentar outros espetáculos. Na semana em que foram 'preparados' para ir à Sala São Paulo, alguns alunos trouxeram CDs de música erudita que tinham em casa, mas alguns não tinham ouvido o CD. Depois do espetáculo, notei que, na hora do intervalo (que tem som ambiente), os alunos pediram para que fosse incluída música erudita no repertório. Sob protesto de alguns, a música erudita permanece, inclusive, com a adesão de mais apreciadores, o que indica mudança de comportamento/gosto (NEB, EE).

Por fim, consideramos que muitas crianças, adolescentes e seus próprios professores ficam deslumbrados com a beleza da Sala São Paulo – um espaço público que, por sua natureza, deve ser acessível a todos – e com a auto-estima elevada. Desde o início do Programa em 2002, muitos alunos e professores relataram sentir-se valorizados. Winnicott (1971) ensinava que o ambiente transforma o indivíduo, ao mesmo tempo que é por ele transformado – ou, mais radicalmente, que o ambiente faz o indivíduo na mesma medida em que o indivíduo faz o ambiente. Por isso, a importância de oferecermos um ambiente facilitador, acolhedor e saudável para todos os participantes – principalmente àqueles que sofreram ou sofrem privação –, contribuindo para seu desenvolvimento psíquico e afetivo. Acreditamos que os eventos e materiais do Programa oferecem aos participantes um ambiente musical e sociocultural novo, a ser explorado, construído colaborativamente, assimilado e incorporado. Possibilitam conhecer outros tipos de música, diferentes daqueles a que estão habituados, quebrar paradigmas e formar opinião própria – sobre a música de concerto e sobre o público que aprecia esse tipo de música.

Finalizando, continuamos a acreditar que é necessário propiciar "o acesso a todos os estilos e linguagens musicais – desde os que estão vinculados às origens culturais, passando pela música veiculada na mídia e outras – a fim de que seja elevado o nível de produção e criticismo cultural da população" (Krüger e Hentschke, 2003b, p. 800). Somente dessa forma poderemos realizar uma real e abrangente inclusão sociocultural.

REFERÊNCIAS BIBLIOGRÁFICAS

CASEY, Donald E. Descriptive research: techniques and procedures. In: COLWELL, Richard (ed.). *Handbook of research on music teaching.* New York: Schirmer, 1992. p. 115-23.

ELLIOTT, David J. *Music matters: a new philosophy of music education.* New York: Oxford University Press, 1995.

HENTSCHKE, Liane. Relações da prática com a teoria na educação musical. In: II ENCONTRO ANUAL DA ABEM. Anais... Porto Alegre, Associação Brasileira de Educação Musical, 1993. p. 49-67.

KRÜGER, Susana Ester; HENTSCHKE, Liane. Contribuições das orquestras para o ensino de música na educação básica: relato de uma experiência. In: HENTSCHKE, Liane; DEL BEN, Luciana. *Ensino de música: propostas para pensar e agir em sala de aula.* São Paulo: Moderna, 2003a. p. 19-49.

_____. Uma orquestra pode ser a minha cara? Uma experiência com concertos didáticos para crianças e adolescentes. In: XII ENCONTRO ANUAL DA ASSOCIAÇÃO BRASILEIRA DE EDUCAÇÃO MUSICAL/I COLÓQUIO DO NÚCLEO DE EDUCAÇÃO MUSICAL. Florianópolis, 2003. Anais... XII ENCONTRO ANUAL DA ABEM/I COLÓQUIO DO NEM. Porto Alegre/Florianópolis: Abem/Udesc, 2003b. p. 791-800.

MUCCHIELLI, Roger. *O questionário na pesquisa psicossocial.* Trad. Luiz Lorenzo Rivera e Silvia Magaldi; rev. Mônica S. M. Silva. São Paulo: Martins Fontes, 1978.

SCHÖN, Donald A. *Educando o profissional reflexivo: um novo design para o ensino e a aprendizagem.* Porto Alegre: Artes Médicas, 2000.

SWANWICK, Keith. *A basis for music education.* London: Routledge, 1979.

_____. *Music, mind and education.* London: Routledge, 1988.

_____. *Musical knowledge: intuition, analysis and music education.* London: Routledge, 1994.

_____. *Music education in schools: perpetuating a sub-culture?* In: *Em Pauta.* v. 12/13, nov. 1996-abril 1997. Porto Alegre: CPG-Música, UFRGS. p. 5-16.

_____. *Ensinando música musicalmente.* Trad. Alda Oliveira; Cristina Tourinho. São Paulo: Moderna, 2003.

SWANWICK, Keith; TAYLOR, Dorothy. *Discovering music: developing the music curriculum in secondary schools.* London: Nfer-Nelson, 1982.

WINNICOTT, D. W. *O brincar e a realidade.* Rio de Janeiro: Imago, 1971.

Susana Ester Krüger é doutoranda em Educação/Currículo pela PUC-SP, mestre em Educação Musical pela UFRGS, especialista em Educação Musical – Piano pela Embap e em Administração de Instituições de Ensino pelo CDE/ FAE. Coordenadora dos programas educacionais da Osesp desde 2001. Em 2003, coordenou o Seminário Ensinando Música Musicalmente, em São Paulo, em parceria com as coordenações locais de Curitiba, Porto Alegre e Salvador. Em 2004 participou do Comitê Científico e da Comissão Organizadora do VII Encontro Abem Sul (Curitiba, PR) e coordenou o Grupo de Estudos sobre Educação Musical em Projetos Sociais do 10º Encontro do Fladem (Foro Latino-americano de Educação Musical – São Paulo, SP). Professora assistente da Embap (Curitiba, PR – www.embap.br), coordenou o curso de especialização em Educação Musical (2001-2) e atualmente trabalha com adolescentes em aulas de música semipresenciais, usando ferramentas de educação musical a distância. Atua com formação continuada de professores em educação musical (cursos e *workshops*) na linha pedagógico-musical de Keith Swanwick e outros educadores musicais. Pesquisa a implementação, o uso e a avaliação de novas tecnologias em educação musical, destacando-se o projeto EduMusical (LSI/ Epusp, apoio parcial da Osesp e do CNPq – www.edumusical.org.br). Tem publicado artigos em congressos e periódicos de música, educação musical e informática, bem como escrito capítulos em livros. Um destes integra a publicação Avaliação em música: reflexões e práticas, que recebeu a 6º colocação no Prêmio Jabuti 2004 na categoria Educação, Psicologia e Psicanálise.

Roberta Montosa Martinez foi assistente nos programas educacionais da Orquestra Sinfônica do Estado de São Paulo (Osesp), desde 2002, especificamente no planejamento e na organização de eventos didáticos e cursos na área de educação musical. Atua também como psicóloga clínica, com psicoterapia infantil. Cursa pós-graduação (especialização) em Psicologia Hospitalar no Hospital e Maternidade São Luiz. Licenciada e graduada em psicologia pela UNIABC (2003). Estagiou em escolas, clínicas, instituições e abrigos, trabalhando aspectos psicossociais. Desenvolveu projetos com crianças carentes,

178 Sonia Albano de Lima

utilizando-se de técnicas de musicalização e da construção de instrumentos de sucata como propulsores da auto-estima.

FLÁVIA ALBANO DE LIMA é recém graduada em canto na Faculdade de Música Carlos Gomes. Durante três anos foi aluna da profa. Leilah Farah. Atualmente está sob a orientação de Celine Imbert. Está se especializando em performance de câmara com o prof. Peter Dauelsberg e o Mto. Jayme Guimarães. Integrou o coro das óperas La Traviata e Cosi fan tutte, além de atuar como Bastienne na ópera Bastien e Bastienne de W. A Mozart, encenada em março de 2005 no Teatro Sérgio Cardoso. Foi coralista da peça teatral Kelbilim – o cão da divindade, participando da gravação do Cd da peça, sob a regência de Carlos Fiorini (UNICAMP-SP). Aluna dos cursos de extensão da professora Enny Parejo, na área de educação musical e percepção musical. Estudou técnicas de respiração com a flautista Celina Charlier. Foi estagiária nos programas educacionais da OSESP de 2004 a 2005, inicialmente no projeto do Portal EduMusical e posteriormente nos eventos e cursos. É bolsista da FUNDAP, atuando como assistente de músico-arquivista no Coro da Orquestra Sinfônica do Estado de São Paulo e integra o Coral do Estado de São Paulo sob a regência de Naomi Munakata e Nibaldo Araneda. Lecionou técnica vocal, regendo o coro infantil e juvenil da Escola Beg- Música e Artes.

VIVIAN AMORIM POYART cursa licenciatura em música na Universidade de São Paulo. Aluna de canto do professor Benito Maresca, é integrante do Coro do Estado de São Paulo desde 2002. Na USP, é estagiária do Projeto Comunicantus na área de regência coral, mais especificamente no Coral Escola. Ministra aulas de musicalização infantil e técnica vocal, além de trabalhar com regência e didática coral. Foi estagiária nos programas educacionais da Osesp de 2004 a 2005. Integra o Coral do Estado de São Paulo, sob a regência de Naomi Munakata e Nibaldo Araneda.

✱ POR UM ESTUDO DO SIGNO CANCIONAL: TRANSFORMAÇÕES DE UNIDADES LÍTERO-MELÓDICAS NO PROCESSO DE CONSTRUÇÃO DO SENTIDO NA CANÇÃO

Ricardo Nogueira de Castro Monteiro

A semiotização de instrumental analítico próprio à musicologia tem se mostrado uma abordagem metodológica enriquecedora e consistente no que se refere a um estudo da instância musical no discurso cancional, tanto no que se refere à sua estruturação de *per si* quanto no que concerne às relações formais e semânticas estabelecidas com a instância verbal. Esclarecido o regime de semi-simbolismo a coordenar as inter-relações entre ambas as instâncias e detectados os processos de comutação entre elas, quer no que tange a categorias de expressão quanto de conteúdo, cabe agora avançar no sentido de assimilar as conquistas supracitadas sob a forma de uma abordagem conjunta das dimensões verbal e musical. Almejando uma compreensão da enunciação cancional dentro da complexidade sincrética que lhe é peculiar e essencial, propomos uma abordagem em que o signo cancional seja estudado enquanto unidade lítero-melódica, atendo-nos não aos contornos entoativos já consistentemente investigados na obra de Tatit, mas às relações de simetria e proporção próprias à estruturação musical e suas respectivas semiotizações enquanto oposições e gradações de elementos semânticos e tensivos. Verifica-se assim que oposições entre células melódicas simétricas não raro se fazem acompanhar por oposições semânticas na componente verbal do texto sincrético, e progressões melódicas tendem a aspectualizar-se, sobremodalizando e ressignificando o texto cancional. Propomos assim uma análise a partir de signos cancionais líteromusicais com a convicção de que, a partir dessa perspectiva, é possível compreender com maior profundidade as estratégias e os processos de geração de sentido que particularizam o texto cancional, distinguindo-o dos textos de natureza verbal, musical e, sobretudo, do perigo de considerá-lo como a mera soma, e não o produto, daqueles outros dois.

Signos cancionais: o sentido a partir das unidades lítero-melódicas de significação

Consideremos inicialmente, para nosso estudo do sentido cancional, aquelas unidades sincréticas de significação que apresentarem tal analogia no que tange a seu plano de expressão uma que nos permitam, a partir das pequenas diferenças que apresentarem entre si tanto no que se refere à expressão quanto ao conteúdo, a semiotização de suas transformações de estado em um percurso narrativo.

Figura 1 – Transcrição para partitura da canção *Tristeza*, destacando-se os elementos a serem discutidos.

Percurso das unidades A

Tomemos inicialmente as unidades do tipo A, correspondentes aos termos "tristeza" (A1), "embora" (A2) e "chora" (A3). Observa-se, no que tange ao plano de expressão de cada termo A, uma mesma configuração melódica, organizada a partir de intervalos[1] ascendentes de 6ª (maior no primeiro caso, menor nos dois seguintes). Consideremos, pois, a variação entre esses termos. A lógica de tal variação é clara, tratando-se de uma progressão ascendente em que cada incidência de A se dá em um grau escalar superior ao do termo antecessor. Assim sendo, tomando-se o parâmetro região (grave x agudo), constata-se que o percurso de A1 a A3 caminha do mais grave para o mais agudo. O efeito de sentido daí decorrente é de natureza aspectual, correspondendo ao tensionamento da progressão tristeza-embora-chora.

Consideremos agora o plano do conteúdo associado a tal progressão. Teremos:

Verso 1:	A1	*Tristeza*
Verso 2:	A2	Por favor, vá *embora*
Verso 3:	A3	Minha alma que *chora*
Verso 4:		Está vendo o meu fim

O tipo de manipulação estabelecida pelo ator da enunciação, aqui na qualidade de destinador, com relação ao destinatário Tristeza é tal que se produz uma imagem negativa do destinatário como estratégia para persuadi-lo a cumprir o programa narrativo de ir embora. Trata-se, portanto, de uma manipulação por provocação em que o destinador apresenta uma imagem moral implicita-

---

1 O termo *intervalo* se refere, na teoria musical, à relação entre dois sons no que diz respeito às suas respectivas alturas (freqüências). Apresentaremos agora uma breve definição de intervalos justos, maiores e menores. A altura de um som é determinada por sua freqüência. Assim, em nosso sistema de afinação atual, a freqüência de 440Hz corresponde à nota lá. Por razões físico-acústicas, perceberemos como lá todo som audível que vibre a um múltiplo de 2 da freqüência de 440HZ, ou seja: (440 Hz) x 2n. A relação entre freqüências na proporção 2n define o intervalo de **n** oitavas justas (8a J). Cada intervalo é, portanto, estabelecido por uma relação de freqüências; assim, o intervalo de quinta justa (5a J) se define pela proporção de 3/2, e o intervalo de 4ª J, por 4/3. Definidos assim fisicamente os intervalos justos, passemos à definição dos intervalos maiores e menores. Consideremos nossa escala musical de *dó maior* [dó (528Hz), ré, mi, fá, sol, *lá*, si, dó* (1056Hz, uma oitava acima do dó anterior)]. Defini-se como modo jônico à escala que apresenta a mesma seqüência de intervalos da dó maior quando começada e terminada a partir da nota dó, e como modo frígio a que corresponde a essa escala quando começada e terminada a partir da nota mi. Os intervalos maiores e menores podem ser identificados a partir de sua correspondência com os modos jônico (intervalos maiores) e frígio (menores). Assim, um intervalo de 2ª m corresponde ao intervalo entre o I e II grau do modo frígio (equivalente, portanto, a mi-fá); a 2ª M, ao intervalo entre I e II no modo jônico (equivalente a dó-ré); a 7ª M, como a relação entre I e VII no modo jônico, e assim por diante. Os intervalos justos (4ª, 5ª e 8ª) são idênticos nos dois modos.

mente negativa do destinatário, cuja presença é apresentada como ameaçadora. Na provocação em questão, o destinador apresenta-se atualizado de maneira insuficiente com relação ao destinatário, ou seja, ele constrói uma imagem que, apesar de negativa para o destinatário, coloca-o em uma posição excessiva de poder diante da suposta insuficiência do destinador. Como, ao pensarmos em provocação, ocorre-nos em um primeiro momento o desafio entre iguais, em que a imagem positiva do destinatário é posta em cheque pelo destinador, acreditamos que convenha particularizar o subtipo de manipulação aqui em questão (atualização do destinador aspectualizada por insuficiência com relação à do destinatário), nomeando-a pelo efeito de sentido que lhe corresponde: a vitimização (o destinador se apresenta como vítima do destinatário). Temos assim um sintagma em que A1 estabelece o destinatário da manipulação, A2 define o programa a ser cumprido pelo destinatário e A3 enfatiza a estratégia de manipulação a ser seguida – no caso, a provocação por vitimização –, ao sublinhar a aparente insuficiência de poder do destinador.

Vale ainda frisar que o percurso de crescente tensão entre A1 e A3 contrapõe o relaxamento da incidência do sujeito "tristeza" à tensão da "alma que chora", ação do sujeito correspondente ao ator da enunciação, polarizando-se a situação tensiva entre os dois. Temos assim um relativo relaxamento do sujeito "tristeza" com relação à tensão da "alma". Observa-se ainda uma tendência a concentrar-se nos termos A um núcleo semântico de alguma forma catalisado em B; assim, "por favor, vá" (B2) corresponderia à catálise[2] de "embora" (A2), e "minha alma que" (B3) catalisaria a forma verbal "chora" (A3), o que concorre para associar ao termo A um caráter de extensão. Outro elemento a concorrer para tal associação é o fato de A corresponder de fato, tecnicamente, a um pro-

---

2 Assumimos aqui o termo catálise em analogia a seu uso por Hjelmslev em seus *Ensaios semióticos*, em que o autor a define como "operação mediante a qual a cadeia sintagmática seja completada de modo a satisfazer a todas as funções que condicionam a forma da cadeia" (HJELMSLEV, L. *Ensaios semióticos*. São Paulo: Perspectiva, 1991. p. 172-3, trad. A. Danesi). O autor dos *Prolegômenos a uma teoria da linguagem* exemplifica seu conceito com a catálise de *ludunt* (*brincam*, em latim) por *pueri ludunt* (*as crianças brincam*) ou *liberi mei ludunt* (*meus filhos brincam*), já que a função entre sujeito e verbo justifica o número e a pessoa flexionadas em lud-*unt* (sufixo da 3ª pessoa do plural). Assim, no sistema cancional, "chora" seria *stricto sensu* catalisado por "minha alma que".

Faculdade de Música Carlos Gomes 183

sodema extenso, ou seja, a uma modulação na entoação das palavras "tristeza", "embora" e "chora".

Assim, o percurso dos signos sincréticos cancionais do tipo A, ao salientar o tensionamento e a gradação de tais figuras de expressão, tende a aspectualizar por intensificação a vitimização do destinador, tendo por efeito despertar, a partir de tal estratagema, a piedade empática do enunciatário da canção (o público) com relação ao estado de alma do destinador/enunciador. A sedução do ouvinte se dá assim novamente pela vitimização do destinador/enunciador diante de um destinatário/enunciatário capaz de apiedar-se de seu simulacro de dor.

Percurso das unidades B

Tomemos agora as unidades cancionais correspondentes aos termos B2 ("por favor, vá") e B3 ("minha alma que"), ambos correspondentes a figuras de expressão constituídas sobre escalas descendentes em gamas de 5a J descendente. Assim como os termos em A, a série em B também apresenta uma gradação ascendente do parâmetro região, do mais grave para o mais agudo, seguindo precisamente a mesma lógica da progressão anterior. Todavia, se o processo de tensionamento ao longo da progressão de termos Bn nada tem a acrescentar a nossa análise, o confronto dos pares de termos Bn e An por outro lado pode informar-nos consistentemente a respeito da estruturação do texto sincrético.

Ao contrapormos B2 a A2, verificamos o contraste entre um movimento descendente escalar de 5a J e um salto ascendente de 6a m. Os parâmetros de variação que focalizaremos serão: duração (predomínio de breves x predomínio de longas), orientação (descendência x ascendência), região (grave x agudo) e escansão (movimento escalar x movimento por saltos). Inclusa a lógica geral de variação em uma aspectualização de tensionamento, podemos esquematizar a semiotização dos parâmetros de expressão em questão pela seguinte tabela:

Tabela 1

Termo	Relaxamento	→	Tensão
	Bn		An
Intervalo associado	5a J		6.a m
Signos lingüísticos em n=2	por favor, vá		embora
Signos lingüísticos em n=3	minha alma que		chora
Parâmetros de variação	P(I)	x	P(II)
Orientação	descendência		ascendência
Duração	breves		longas
Região	grave		aguda
Escansão	m.escalar		m. por saltos

Definido assim o comportamento dos parâmetros de variação melódica P(I) e P(II), aqui associados respectivamente a Bn e An, ante um processo de tensionamento, observemos a correspondência entre forma de expressão e forma do conteúdo nos pares Bn-An. Assim como o parâmetro escansão aponta para uma transformação entre transições graduais (dispersão) e súbitas (concentração) na forma das figuras de expressão, na forma do conteúdo correspondente observa-se o contraste entre sintagmas analíticos (e.g.: por favor, vá) e sintéticos (e.g.: embora), estando o núcleo semântico da frase invariavelmente incidindo sobre An, e sua catálise, sobre Bn. Assim, "embora" é o núcleo de "por favor, vá embora" – situação em que os dois sintagmas, "por favor, vá" e "embora" tendem à equivalência. Da mesma forma, "minha alma que chora", nada mais que uma perífrase a indicar uma significação equivalente a "eu choro", tem em "chora" seu núcleo semântico. Note-se ainda que os termos incidentes em An resultam timicamente fortes com relação aos demais termos da frase. Assim sendo, o processo de tensionamento detectado a partir da semiotização dos parâmetros de variação melódica mostra-se pertinente tanto à forma das figuras de expressão quanto à forma do conteúdo nos signos cancionais em questão. Como efeito de sentido resultante, o percurso de A1 a A3 apresenta um processo de pulsação com sístoles cada vez mais intensas:

Tabela 2

Tensionamento ⟶

Sístole	Diástole	Sístole	Diástole	Sístole
A1	B2	A2	B3	A3
<u>Tristeza,</u>	por favor, vá	<u>embora</u>	minha alma que	<u>chora</u> (está vendo o meu fim)

Na Tabela 1 constatamos a associação entre duração (as longas em An) e tensão na estruturação do trecho em análise. Tal associação projeta-se ainda sobre o plano do conteúdo, em que o caráter tímico da tensividade se define por sua concomitância com o traço semântico disfórico presente no termo "tristeza". Assim, no trecho estudado, a duratividade mostra-se tensa e disfórica. Tal configuração aspectual sobremodaliza o conteúdo verbal, grifando musicalmente já na primeira estrofe do texto sincrético a duratividade da indesejada "tristeza" – bem como de seu conseqüente desconforto, cuja permanência só será aludida verbalmente na estrofe seguinte ("fez do meu coração a sua moradia").

A abrangência do tema da tristeza como valor abjeto, sua concomitância com a figura de expressão dominante A e a condição desta enquanto núcleo semântico passível de catálise permitem-nos contrapor seu caráter conseqüentemente extenso, cujos traços de ascendência e duratividade regem toda a primeira seção da canção, à intensão de B, com sua descendência e brevidade a incidir localmente apenas para retardar o processo de tensionamento que domina a primeira estrofe. De forma a avalizar uma visão de expressão panorâmica dessa última, cumpre agora considerarmos a figura C.

Percurso das unidades C

As unidades C são constituídas por um movimento de ida e volta de 2a M. No fim da primeira estrofe, observamos C4 incidindo ascendentemente sobre "está vendo", e C'4 – sua mutação por inversão – descendentemente sobre "o meu fim". A simetria entre C4 e seu inverso C'4 resulta em um efeito de silabação, a qual, por sua vez, gera um sentido de finalização para o par de figuras de expressão – efeito esse absolutamente solidário ao conteúdo da letra nessa passagem da canção.

A geração do sentido de forma: percursos das unidades A' e B'

Freqüentemente, o ouvinte de uma canção, mesmo sem uma formação musical convencional, é capaz de distinguir suas diferentes seções formais e apontar as transições entre elas. Menos comumente, músicos de boa formação são capazes de apontar com clareza os elementos melódicos, harmônicos e/ou rítmicos que singularizam aquelas seções. Todavia, parece-nos que apenas a semiótica é capaz de apontar o porquê de tal diversidade morfológica não resultar em uma colcha de retalhos cuja coerência textual seria garantida meramente por convenções, ainda que consensuais, de natureza puramente consuetudinária. Para isso, o semioticista conta com ferramentas como o aprofundamento dos patamares de significação, que nada mais é do que a detecção das invariâncias que permeiam dado texto para além da superfície e que, astuciosamente ocultadas por preenchimentos semânticos de maior ou menor complexidade, resultam no eixo estrutural responsável pela unidade, coerência e coesão textual. Verificamos na canção em análise, como em muitas outras, que a transição da "seção I" para a "seção II" pode ser entendida, dentro de uma perspectiva semiótica, não pelas discrepâncias entre as duas partes, mas precisamente por uma organização estrutural em comum preenchida em cada caso por variantes distintas. Como o acréscimo cumulativo de variantes, assim como os desfechos teatrais do tipo *Deus ex machina*, pode pôr em risco a consistência de um texto ao apontar para a aparente insuficiência de combinações sintagmáticas capazes de reordenar e reequilibrar as relações entre o eixo paradigmático e o conjunto de valores correntes no sistema lingüístico textual, tendem a ser mais satisfatórias as soluções em que as variantes já se encontram presentes no sistema. No caso de um sistema organizado sobre apenas dois elementos principais A e B, como é o caso do texto sincrético em análise, uma estratégia de uso corrente é a inversão dos valores a eles associados, constituindo aquilo que chamaremos de peripécia. A escolha de tal termo se deve a sua correspondência com a definição que Aristóteles nos apresenta em sua *Poética* (XI), chamando de peripécia à inversão de situação de duas personagens. O Estagirita exemplifica citando a tragédia *Linceo*, em que a personagem que dá nome à peça é perseguida por Dânao, que tenciona matá-lo; todavia, é Dânao quem termina morto, ao passo que Linceo se salva. Tal é, analogamente, a situação encontrada na canção em estudo, a partir de um fenômeno que se observa na estruturação de suas figuras de expressão: enquanto na primeira sessão o intervalo de 6ª corresponde a um salto direto e o de 5a a um movimento escalar, temos na segunda sessão a 5ª por salto direto e a 6a por movimento escalar. A partir da identificação de tal peripécia na estruturação das figuras de expressão, nosso interesse se focalizará em identificar invariantes e variantes nos diferentes patamares de organização textual relacionados ao efeito de sentido de forma que nos faz sentir como distintas as seções I e II de nosso exemplo.

Assim como a primeira seção foi dominada pela presença das figuras de expressão A e B, a segunda aparece constituída sobre suas respectivas mutações A' e B'. A, que aparecia sob a forma de um salto intervalar ascendente de 6a, aparece agora como um movimento escalar descendente do mesmo intervalo. Por sua vez, B, outrora surgindo como movimento escalar descendente de 5a, aparece agora como salto ascendente do mesmo intervalo. Observa-se, portanto, uma inversão das duas figuras quanto a determinados parâmetros. Fosse tal inversão um fato isolado, teríamos diante de nós apenas um fato curioso no que tange à estruturação da forma de expressão do texto. Contudo, ao observarmos a Tabela 1, verificamos que os parâmetros invertidos na série A'-B' – orientação, região e escanção – são justamente aqueles julgados pertinentes à constituição de A-B – apenas em situação inversa. Ao remeter aos parâmetros estruturadores da forma da expressão no texto, remeteu-se também, como veremos a seguir, aos efeitos de sentido a eles

188 *Sonia Albano de Lima*

associados – e tal é a contribuição da semiótica à compreensão da estruturação da linguagem cancional. Assim, no caso em estudo, à inversão funcional no plano de expressão corresponderá, igualmente, uma inversão no plano do conteúdo, representado pela configuração aspectual resultante:

Tabela 3

	Tensionamento		
	Tensão	──────➤	Relaxamento
Termo	B'n		A'n
Intervalo associado	5a J		6.a m
Signos lingüísticos em n=5	fez do meu coração		a sua moradia
Signos lingüísticos em n=6	já é demais o meu		penar
Signos lingüísticos em n=7	quero voltar àquela		vida de alegria
Parâmetros de variação	P(II)	X	P(I)
Orientação	ascendência		descendência
Região	aguda		grave
Escanção	m. por saltos		m.escalar

Assim, se vimos a série A-B constituir uma progressão ascendente associada a um processo de tensionamento gradual, vemos a série A'-B', coerentemente com a inversão de parâmetros de expressão e conteúdo referidos, surgir como uma progressão descendente direcionada tensivamente a um processo gradativo de relaxamento. Assim, a inversão dos parâmetros de expressão associados às figuras A-B em A'-B' tem como conseqüência a inversão também dos conteúdos previamente associados àqueles parâmetros.

Observe-se e frise-se, porém, que tais propriedades identificam relações não de ordem simbólica, fixando conteúdos a determinados elementos do plano de expressão, mas sim semi-simbólica, relacionando, categorias de organização das figuras de expressão com categorias do plano do conteúdo. Não se trata de afirmar, por exemplo, que o intervalo de 6a apresente um dado conteúdo fixo, como remeter-se à "Tristeza" ou a um dado estado tensivo (e.g.: tensão) – o que seria contraditório com a associação desse intervalo, na seção II, à "vida de alegria" e a um processo de relaxamento.

Trata-se de verificar que os parâmetros de organização melódica /orientação ascendente/escanção por saltos/região aguda/ estão comutadas com um processo de tensionamento, e seus opostos /orientação descendente/escanção escalar/região grave/, com um processo de relaxamento, permitindo-nos atestar a vigência de uma relação semi-simbólica entre as categorias de expressão orientação/escansão/região e as categorias de conteúdo tensivo.

Um ponto que se destaca na enunciação do texto sincrético que recai sobre os versos da segunda seção é o acento resultante da incidência do elemento B'n. Observemos suas implicações no que tange à forma do conteúdo:

Tabela 4

	Análise	
	Núcleo ⟶	Complemento
	Concentração	Diluição
Escanção	m. por saltos	m.escalar
Elemento associado	B'n	A'n
Intervalo associado	5a J	6.a m
Timia	tonicidade	atonia
Valores	do sujeito	do objeto
n=6	(meu) coração	a sua moradia
n=7	meu	penar
n=8	àquela	vida de alegria

Assim, como detectamos uma desaceleração ao semiotizarmos o contraste no plano de expressão entre as transições descontínuas (escansão por saltos) em B'n e contínuas (escansão escalar) em A'n, observam-se no plano do conteúdo dois fenômenos concomitantes, um relativo à sua forma, o outro à sua substância. No que tange à forma, observa-se um processo pelo qual o termo referente em B'n aparece associado a sua referência em A'n (processo análogo – ou eventualmente idêntico – à catálise verificada na estrofe anterior; e.g.: o termo *meu* (B7) aparece *stricto sensu* catalisado em *meu penar*, *penar* (A7), interpolando o nome no masculino singular implícito pela presença do pronome adjetivo possessivo *meu*). No que tange à substância, verifica-se o contraste entre a tonicidade dos termos à esquerda com relação àqueles à direita da tabela, frisando a oposição entre atributos do sujeito em B'n versus atributos do objeto em A'n. Assim, vemos em 6ª oposição entre *meu* e *sua*, e entre a tonicidade de *coração* e a relativa atonia de *moradia*. O acento entoativo em 7 frisa, no plano de expressão, a oposição entre o sujeito em *meu* e seu atributo disfórico, *penar*, aspectualizando por intensidade o primeiro termo. O efeito de sentido resultante destaca a individualidade da dor do enunciador, contribuindo para sua vitimização e para despertar a piedade do enunciatário com relação a ele. Também o caráter monossilábico de *meu* contribui para aproximá-lo, enquanto figura de expressão verbal, do caráter onomatopaico próprio a um grito de dor. Sensível a tal vocação, o intérprete Jair Rodrigues tende a durativizar a emissão de meu em sua enunciação, acionando o único parâmetro de expressão neutralizado (ou, mais precisamente, sincretizado, na acepção de Hjelmslev[3]) entre as seqüências A-B e A'-B' – nuance interpretativa ausente nas gravações clássicas de Astrud Gilberto, Baden Powell e Brazil 66, e que cremos ter contribuído para o êxito, apontado por Zuza Homem de Mello, da versão de Rodrigues com relação às demais[4]. Também no verso 8, à medida que o termo "àquela" (vida de alegria) equivale, dentro do contexto, a "à minha (antiga)", permanece pois a oposição entre um eixo subjetivo incidindo em B'n e um eixo objetivo em A'n.

Vale ainda reiterar que a oposição entre a ascendência em A-B e a descendência em A'-B' se faz acompanhar, no plano do conteúdo, pelo contraste entre o caráter de tensionamento crescente da primeira seção – na qual o enunciador termina "vendo o seu fim" –

---

3 O sincretismo "consiste no fato de que, em certas condições, a comutação entre duas invariantes pode ser suspensa" (HJELMSLEV, L. *Prolegômenos a uma teoria da linguagem*. São Paulo: Perspectiva, 2003, p. 93, trad. J. T. Coelho Netto). O autor cita como exemplo a suspensão no latim da distinção entre nominativo e acusativo no gênero neutro. Assim, o masculino nominativo *servus* se distingue do acusativo *servum* e o feminino nominativo *rosa* do acusativo *rosam*, mas o neutro *poculum* tem seu nominativo sincretizado com o acusativo, anulando-se sua distinção pelo termo comum *poculum*. Na canção em análise, os parâmetros *orientação*, *região*, *duração* e *escansão* assumem, a princípio, valores opostos quando se referem a A ou B. Tal distinção, todavia, é anulada na segunda seção no que se refere ao parâmetro de *duração*, havendo conseqüentemente, nesse caso, sincretismo entre durações *longas* e *breves* no que tange à oposição entre A e B. A sensibilidade do intérprete Jair Rodrigues, contudo, o leva a suspender tal sincretismo, reativando a oposição *longas* x *breves* em sua enunciação de *meu* (longa/tensão) *penar* (breve/relaxamento).

4 H. de Mello, *A canção no tempo*. São Paulo: Editora 34, 1998. v. II, p.102.

contra o relaxamento progressivo da segunda – concluída pelo desejo de "voltar a cantar", ou seja, de recuperar um estado construído como implicitamente anterior ao presente da enunciação em que o sujeito estaria em conjunção com os valores de euforia do sistema. Observa-se, por conseguinte, também uma oposição discursiva de caráter temporal entre a primeira seção, a ascendência de A-B conduzindo o futuro ao paroxismo de "meu fim", e a segunda, a descendência de A'-B' conduzindo ao paroxismo oposto, ou seja, a um tempo pretérito anterior ao presente da enunciação.

Percurso das unidades D

A finalização do verso 8, analogamente ao que ocorre no verso 4, utiliza de recursos de simetria no que tange à estruturação de suas figuras de expressão. Assim, o elemento D, constituído por um intervalo descendente de 3a m associado a um metro dáctilo (longa-breve-breve), é contraposto a sua inversão D', de orientação ascendente e associado a um anapesto (breve-breve-longa), resultando, como no verso 4, em uma silabação com o decorrente efeito de sentido de finalização. Entre D e D', um intervalo descendente de 6a m (A'') corrobora a permanência do elemento A na estruturação de toda a segunda seção da canção, e empresta-lhe o caráter tensivo (relaxamento) e tímico (euforia) estabelecido para ele no sistema quando associado ao parâmetro de orientação descendente[5]:

Tabela 5

Elemento associado	D	A''	D'
Intervalo	3ª m desc.	6ª m desc.	3a m asc.
Metro	longa-breve-breve	-	breve-breve-longa
Verso 8	quero de	novo	cantar
Característica da figura	(considerar o par em D')	Descendência	Simetria
efeito de sentido	(considerar o par em D')	Relaxamento/ euforia	Finalização

---

5 Sincretiza-se agora em D a comutação entre as categorias de *escansão* e *tensividade* vigente quando da oposição entre A e B na seção I e A' e B' na seção II (ver Tabelas.1 e 3).

Assim, à forma de conteúdo correspondente à sanção final associa-se à simetria das figuras de expressão, geradora também do efeito de sentido de finalização que torna conclusivo o binômio verbo-complemento (quero... cantar) e estabelecendo novamente a homologia entre forma da expressão e forma do conteúdo. Por sua vez, o intervalo de A" (6ª m desc.) passa a remeter também ao texto a ele associado em sua última incidência ("vida de alegria"), ressignificando a locução adverbial ("de novo") ao emprestar-lhe o sentido estabelecido anteriormente ("alegria") mais os valores tensivos e tímicos (relaxamento e euforia) determinados pelo sistema.

Percebe-se assim que, ocasionalmente, a reiteração de certas figuras de expressão pode resultar no contágio de uma significação pre estabelecida no novo ponto de incidência. Dessa forma, não é surpresa, por exemplo, que, na primeira estrofe, "tristeza" associe-se ao mesmo intervalo de "que chora". Por outro lado, já em A' vemos o intervalo associado a "meu penar" apresentar algum ganho semântico por sua correspondência com o antecedente mais escandido "sua moradia", apontando com sua escanção por salto que a disforia durativizada agravara-se ("já é demais") e chegara a um clímax intolerável – a partir do qual passaria a retroceder, caminhando, em direção à euforia ("voltar àquela vida de alegria").

Examinamos assim algumas das características do processo de geração de sentido no texto sincrético em estudo, focalizando sobretudo a semiotização das figuras de expressão com suas reiterações (comutações) e acréscimos (projeções) de sentido com relação ao plano do conteúdo e salientando sua semantização por associação com conteúdos anteriores ou como conseqüência de sua estabilização com relação a determinadas configurações aspectuais. Tendo-nos porém situado quase sempre a partir do nível da frase sincrética, observemos, a partir de um nível mais genérico e textual, alguns fenômenos de relevo no processo de geração de sentido da canção em análise.

Aspectos modulatórios e configurações passionais

O claro predomínio da ascendência na Seção I constatado anteriormente pode ser semiotizado enquanto modulação de abertura, modulação essa que, segundo os autores da *Semiótica das paixões*, deverá afetar a organização modal imanente ao discurso[6]. Assim, a organização das figuras de expressão privilegia aí a modalização virtualizante do querer (ibid., p. 42). De fato, a componente verbal do texto sincrético evidencia o desejo por parte do sujeito/enunciador de disjunção com relação ao valor/ator *tristeza*. Como vimos, o tensionamento associado a essa passagem se associa, por sua vez, a um processo de crescente disforia diante da constatação, por parte do sujeito, de que a tristeza terminaria por aniquilá-lo. O gesto comum de abertura em A1 ("tristeza") e A2 ("vá embora") de certa forma contamina o signo sincrético A1 com o desejo expresso em A2 e vice-versa, por meio da solidariedade entre as figuras de expressão equivalentes. O predomínio da emissividade, patente pela insistência em notas longas com relação ao panorama da seção seguinte e pelos grandes saltos melódicos de 6ª, confirma, segundo o modelo de Tatit[7], o sentimento de falta do sujeito – falta essa que ambiciona a disjunção com relação à "tristeza" – e, como é explicitado na seção II, a conjunção com "aquela vida de alegria".

Consideremos agora a segunda seção, privilegiando o exame dos efeitos de sentido decorrentes de suas oposições aspectuais com relação a sua antecessora. A modulação predominante será, nesse caso, de orientação descendente, determinando um caráter de fechamento (ou encerramento) que remeterá à modalização atualizante do saber[8]. Tal fato pode parecer curioso ou mesmo contraditório, à medida que a instância verbal do texto sincrético alude reiteradamente a um querer ("voltar àquela vida de alegria", "de novo cantar"). Trata-se, contudo, de uma leitura superficial e frasal, incapaz de considerar a frase inserida no contexto maior da segunda seção. A modulação descendente – e o saber a ela associado – vem destacar, primeiramente, o caráter de sanção cognitiva a predominar no sentido da seção como um todo, estabelecendo o saber implícito na ação sancionadora do destinador-julgador. Em segundo lugar, o saber aparece à sombra dos traços semânticos que marcam no discur-

---

6 GREIMAS, A. J.; FONTANILLE, J. *Semiótica das paixões*. São Paulo: Ática, 1993. p. 37. trad. M. J. R. Coracini.
7 TATIT, L. *Musicando a semiótica*, São Paulo: Annablume, 1994, p. 24-5, 154-6.
8 GREIMAS & FONTANILLE, op. cit, p. 42.

so a existência de um tempo já vivido ("de novo") – e, portanto, saboreado, sabido –, cujo aspecto de euforia vem a constituí-lo como valor positivo a ser perseguido pelo sujeito. Contrapõe-se, pois, o abjeto com relação ao qual o destinador-manipulador quer estar disjunto na primeira seção ao objeto que é reconhecido (porque sancionado e por já ter sido conhecido em um tempo anterior ao presente da enunciação) pelo destinador-julgador como valor, constituindo a restauração de sua conjunção com o sujeito um programa narrativo a ser cumprido. Assim, a modulação de abertura marca um querer cujos traços semânticos se fazem sentir no desejo do destinador de estar disjunto do abjeto e em sua manipulação – um fazer-querer – com relação ao destinatário, que deveria sucumbir ao programa de provocação de um destinador vitimizado. Por sua vez, a modulação de encerramento marca o reconhecimento por parte do destinador-julgador de um saber-querer com relação ao objeto, reafirmando e justificando seu estatuto como valor do sistema. Por outro lado, os acentos correspondentes a B" também não deixam de concorrer para a configuração patêmica da segunda seção, embutindo-lhe uma modulação por pontualização que tende a enfatizar o dever-não-ser da conjunção entre sujeito e abjeto.

As modulações identificadas nas figuras de expressão, bem como suas implicações na estrutura narrativa do texto sincrético, podem assim ser sintetizadas pelo seguinte quadro:

Tabela 6

	Seção I	Seção II	
Caráter entoativo	Modulação ascendente	Modulação descendente	Acento
Prosodema	Extenso	Extenso	Intenso
Modulação	Abertura	Encerramento	Pontualização
Modalização	Virtualizante	Atualizante	Virtualizante
Modalidade	Querer	Saber	Dever
Percurso narrativo	Manipulação (fazer-querer)	Sanção (saber-querer)	Enunciado de estado (dever-não-ser)
Sujeito	Destinador-manipulador	Destinador-julgador	Sujeito de estado
Valor	Abjeto	Objeto	Abjeto

Conclusão

Acreditamos que a principal contribuição da análise exposta neste texto seja propor uma abordagem metodológica para o estudo das figuras de expressão no texto sincrético cancional. Tais figuras aparecem aqui relacionadas entre si por relações de simetria e gradação que, como vimos, tendem a contaminar os conteúdos a elas associados, singularizando tal propriedade a estruturação do texto cancional e concorrendo para diferenciá-lo em definitivo de um texto exclusivamente verbal ou musical. Observamos ainda que tais homologias entre as formas de expressão e conteúdo induzem-nos à concepção do texto cancional como um sistema predominantemente semi-simbólico, em que categorias de expressão se relacionam com categorias do conteúdo, e não como sistema simbólico, em que vigorariam predominantemente relações termo a termo entre elementos dos planos de expressão e conteúdo.

Assim, nenhuma das figuras assinaladas se cristaliza, assumindo determinado conteúdo fixo (como seria, por exemplo, se a figura A nesse texto "significasse" tristeza). Por outro lado, uma vez que às oposições em categorias de expressão se relacionam oposições homólogas no conteúdo, os parâmetros de variação que regem as transformações das figuras de expressão vêm a se semiotizar, eventualmente estabilizando no texto certos traços semânticos – como é o caso da relação entre os parâmetros de ascendência e escanção por saltos e com o aspecto tensivo de tensão, ao passo que a descendência e a escanção escalar se mostram associadas ao relaxamento. Muito mais pertinente, todavia, é a semiotização das oposições entre categorias de expressão, em que as variações de expressão apresentam comutação com categorias do conteúdo e a determinação das situações em que tais homologias são neutralizadas (sincretismo).

Desse modo, na Tabela 6, observamos que a oposição ascendência x descendência das modulações entoativas corresponde a diversas oposições na organização do nível narrativo do texto sincrético como um todo (seções I e II), tais como virtualização x atualização, manipulação x sanção, querer x saber e abjeto x objeto. Por outro lado, a oposição prosodema extenso x prosodema intenso, cuja vigência organiza a estrutura narrativa da seção II, opondo encerramento x pontualização, atualização x virtualização, saber x dever, destinador-julgador x sujeito de estado, objeto x abjeto, neutraliza-se no âmbito textual como um todo, sincretizando-se suas homologias ao serem confrontadas as seções I e II. Caracteriza-se assim a estruturação do texto cancional como um sistema semi-simbólico em que determinadas comutações tendem a se cristalizar em âmbito textual, outras apenas em âmbito local, sincretizando-se suas homologias nas demais seções do texto. Resulta disso um texto pródigo em recursos de articulação de seus elementos constitutivos, um texto que constitui muito mais do que a soma de suas partes, tanto no que concerne a suas diferentes seções como às diferentes instâncias que compõem sua substância sincrética. Fica aqui, portanto, exposto esse ponto de partida para um aprofundamento da investigação sobre o papel das figuras de expressão na estruturação e na produção de sentido do texto sincrético cancional. Às muitas dificuldades inerentes a essa tarefa restam como consolo as palavras de Greimas e Courtés:

> Portanto, não devem causar espanto as dificuldades encontradas quando se procura reconhecer unidades discretas em semióticas não-lingüísticas (na gestualidade, na pintura, por exemplo): a decepção de semioticistas por demais apressados só se compara à sua ignorância quanto aos problemas com os quais se defronta a lingüística, ainda que ela nem sempre os revele[9].

RICARDO MONTEIRO é Doutor em Semiótica, Mestre em Letras e Bacharel em Composição pela Universidade de São Paulo. Desenvolve atividades musicais tanto na área acadêmica quanto artística, apresentando e publicando diversos trabalhos científicos no Brasil e no exterior. Participou em julho de 2004, com trabalhos sobre música, nos congressos da Associação Francesa e Associação Internacional de Semiótica em Lyon, França. Em outubro, a convite da Universidade de Paris, 1 (Sorbonne), expôs em Paris uma análise do repente brasileiro (forma tradicional de improvisação poética e musical) no 8º Congres-

---

9 GREIMAS, A. J. & COURTÉS, J. *Dicionário de semiótica*. São Paulo: Cultrix, 1983, p. 237. trad. A. D. Lima.

so Internacional sobre a Significação Musical. Em agosto de 2005, apresentou em Bueno Aires uma história comparada do tango e do samba no IV Congresso da Associação Internacional para o Estudo da Música Popular. Tem focalizado sua pesquisa nas áreas de semiótica musical e de história da música popular brasileira, e sua atividade artística na criação de espetáculos de teatro musical, acumulando diversas premiações como compositor e autor teatral. Seu espetáculo teatral mais recente foi *A viagem de Alice – do céu ao apocalipse*, em cartaz nos meses de setembro e outubro de 2005 no Teatro Paulo Eiró. É consultor na área de semiótica, desenvolvendo trabalhos para empresas como a Johnson&Johnson. É professor de graduação da Universidade Anhembi Morumbi e na Faculdade de Música Carlos Gomes, onde leciona História da Música Popular Brasileira e Linguagem e Estruturação Musical na MPB, ambas disciplinas do curso de Pós-Graduação em Música Popular Brasileira.

❀ AÇÃO E ESTAGNAÇÃO: A SIMULTANEIDADE NOS 5 *INTERMEZZOS* PARA VIOLÃO, DE CELSO MOJOLA (1990)[1]

Paulo de Tarso Salles

Celso Mojola considera o violão um instrumento significativo para a música brasileira, algo que um compositor brasileiro não pode desconsiderar. Os *intermezzos* são sua segunda incursão no campo da música violonística, posto que as peculiaridades técnicas desse instrumento consistem em um verdadeiro desafio composicional/orquestral para o compositor que não o executa fluentemente (Mojola é pianista). Se certo aspecto "nacionalista" transparece na escolha do instrumento, isso não se dá, no entanto, como oportunidade para veicular uma manifestação de exotismo ou citação óbvia à música popular. A linguagem de Mojola, mesmo em tempos pós-modernos, em que impera o discurso sobre a "facilitação" da linguagem (Salles, 2002), não abre mão de certas "complexidades" inerentes à própria ação composicional voltada para a pesquisa, à especulação criativa[2].

Para a literatura musical do violão e o violonista em geral, é auspicioso ter em mãos material como o de Mojola, pois em seu trabalho podemos ver aspectos dos mais abrangentes no pensamento musical contemporâneo. Seu trabalho pode ser situado assim como uma extensão de obras violonísticas brasileiras já consagradas, como os ciclos de peças de Heitor Villa-Lobos (Pereira, 1984) e Marlos Nobre (Salles, 2003).

Os *5 Intermezzos* não são relacionados tematicamente entre si. O próprio autor revela que até mesmo a ordem das cinco peças foi determinada posteriormente. No entanto, como é comum encontrar-se em obras com cinco movimentos, o terceiro *intermezzo* tem uma estrutura em espelho, posicionado no centro do ciclo.

---

1 Texto originalmente apresentado como cumprimento de créditos da disciplina Análise Musical II, ministrada pelo próprio Celso Mojola no curso de pós-graduação da Faculdade Carlos Gomes, em 1999.
2 Nesse sentido, é interessante conhecer as idéias do compositor inglês Brian Ferneyhough (1998), cuja obra é freqüentemente associada à questão da complexidade.

Intermezzo nº 1

Esse intermezzo está estruturado numa macroforma ternária, ou seja, a clássica estrutura ABA. Ambas as seções A estão escritas em duas vozes reais, enquanto a seção B apresenta três vozes reais, excetuando um breve lapso no compasso 25, quando parece adotar uma linguagem mais instrumental, à maneira de uma toccata. Por princípio, Mojola adota a forma *espiral*, ou seja, as repetições são sempre transformadas, transpostas, adulteradas, o retorno para A jamais é literal (razão pela qual chamaremos a seção de A'), o *ritornello* é abolido. Podemos resumir essa organização estrutural numa tabela:

Seção A	Compassos 1 a 19
Seção B	Compassos 20 a 30
Ponte ou cadência	Compassos 30 a 33
Seção A'	Compassos 34 a 40
Coda	Compassos 40 a 43

Passaremos então a detalhar outros aspectos, referentes à microforma, que julgamos pertinentes e sustentam essa divisão da macroforma apresentada.

Seção A

Pode-se identificar dois motivos básicos nessa seção. O primeiro, exposto logo ao compasso inicial (Figura 1), funciona como uma espécie de ostinato no baixo (embora apareça, transformado, também na voz superior), ajustando o clima sombrio de toda essa seção:

Figura 1

O segundo motivo (b), é apresentado logo no compasso seguinte, na voz superior (Figura 2):

Figura 2

Enquanto o motivo a é tratado de forma mais literal, apesar de sofrer várias transposições, o motivo b sofre algumas variações rítmicas mais dramáticas, além, é claro, de ser modificado melodicamente. Vejam-se alguns exemplos (Figura 3) de como b é variado no transcorrer dessa seção:

Figura 3

A partir de uma análise gráfica do perfil melódico do baixo (Figura 4) nessa seção A, podemos visualizar os padrões de transformação do motivo *a*.

Figura 4

Podemos, a partir do gráfico anterior, divisar nitidamente uma subdivisão ternária na seção A. Chamaremos de subseções a-b-a' (Figura 5). A subseção a abrange os compassos 1 a 6, justamente onde os baixos, em *ostinato* (apesar de haver certa irregularidade rítmica), alternam as notas fá# e mib (vide motivo a). A subseção b (em destaque na ilustração anterior) vai do compasso 7 ao 12. A imagem do gráfico é clara: a linha de baixo, embora preservando algo do caráter rítmico do início, é muito mais sinuosa, retorcendo-se para cima e para baixo ao redor das notas lá e mi, chegando a atingir o lá agudo (uma extensão de uma décima primeira justa entre seus extremos). Em a' o mesmo perfil estático reaparece, sobre as notas si*b* e fá#, embora um pouco abalado pelas contorções de *b*, que fazem com que a linha melódica oscile entre o fá# grave e agudo.

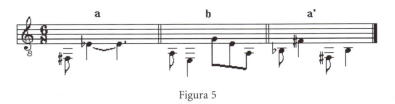

Figura 5

A peculiaridade do estilo de Mojola se revela no tratamento dado à voz superior. Em vez de enfatizar o contraste entre as subseções, ele irá procurar neutralizá-lo, alternando escalas com maior ou menor potencial teleológico. Assim, em a, o caráter estático e unidirecional do baixo é superposto por uma linha melódica praticamente tonal, cuja criteriosa exploração das sensíveis cria um

202 *Sonia Albano de Lima*

movimento que reequilibra o tom algo mórbido da repetição obsessiva do intervalo de sétima diminuta no baixo. Nos compassos de 2 a 4, pode-se ver a tonalidade de fá maior, com suas respectivas sensíveis tonal (mi) e modal (sib) em sua função característica. Nos compassos 5 e 6, as linhas se entrecruzam e o mib é adotado pela voz superior, sugerindo aí uma tonalidade de si*b* maior. As escalas tonais nas vozes superiores tratam de neutralizar a ausência de maiores acontecimentos do pedal rítmico, ao mesmo tempo que sua extrema condutividade é neutralizada pelas reiterações do baixo.

Na seção *b* irá acontecer o procedimento inverso. A linha de baixo agora é muito mais variada e a voz superior irá apaziguar os ânimos, usando uma escala de tons inteiros (veja-se o exemplo de motivo *b* variado no compasso 7, mostrado anteriormente), cuja ausência de semitons produz uma melodia ateleológica o suficiente para refrear as freqüentes mudanças de rumo no baixo. Tal escala abrange os compassos de 7 a 10, onde as vozes deixam de se cruzar e se afastam até atingir a distância de uma sétima menor composta (compasso 12). Nos compassos 11 e 12, a escala diatônica com um si bemol retorna, mas desta vez não se trata de um fá maior típico, tonal, mas sim de um tratamento modal, tão neutro quanto a escala de tons inteiros anterior. Essa subseção dissipa-se numa pausa após um crescendo. O teleologismo sugerido pela dinâmica, assim, também é neutralizado.

Em *a'* o processo usado em a retorna. O baixo torna a ficar mais estável, embora bidirecionalizado pelas mudanças de direção do sib ora para o fá# agudo, ora para o mais grave (conseqüência da grande oscilação ocorrida em b), e a voz superior emprega novamente uma escala tonal: lá maior (compassos 13 a 16). Os compassos 17 a 19 irão "modular", cancelando gradativamente os sustenidos para preparar a seção B, cheia de bemóis. Tanto *a'* quanto a encerram decrescendo e em momentos de grande proximidade entre as vozes. Essa tensão é suavizada pela diminuição da intensidade.

Seção A (1-19)		
a (1-6)	b (7-12)	a' (13-19)
Baixo estático, unidirecional	Baixo movimentado, multidirecional	Baixo estático, bidirecional
Finaliza decrescendo, com as vozes se cruzando	Finaliza crescendo, com as vozes afastadas	Finaliza decrescendo, com as vozes bem próximas
Escalas tonais na voz superior	Escala de tons inteiros e modal	Escala tonal e "modulação"

Seção B

A seção B difere, à primeira vista, em função do acréscimo de uma voz e da textura, convertida para um coral a três vozes, onde a amplitude entre as vozes é bastante explorada. Sua extensão é aproximadamente a metade da seção A e sua estrutura pode, *grosso modo*, ser definida nos seguintes termos:

Seção B (comp. 20 a 30)			
a Comp. 20 a 22	A1 Comp. 22 a 24	b Comp. 24 a 28	a2 Comp. 29 e 30
Seqüência de cinco acordes	Repetição ritmicamente deslocada dos mesmos cinco acordes	Pedal em lá. Esta subseção funciona como um espelho	Variação livremente invertida de *a* e *a1*, encerrando a seção com três acordes

A ilustração a seguir (compassos 23 a 29, Figura 6) deve deixar mais claro o sentido de espelhamento que há nessa seção:

Figura 6

Segue-se a essa seção B uma pequena *cadenza* (compassos 30 a 33), trabalhada melodicamente sobre intervalos ocorridos nas seções A e B. O caráter livre de uma *cadenza* é enfatizado pela textura monódica e pelas indicações de aceleração e desaceleração típicas do gênero concertante clássico/romântico (certamente uma referência do autor às estruturas tradicionais e sua releitura). Essa concatenação melódico-intervalar será bastante eficaz para intermediar rapidamente o retorno ao clima de A, em A'. Conforme dito anteriormente, esse retorno se dá de maneira espiralada, ou seja, transposto (neste caso, para um centro uma terça menor acima, do fá# em A para lá na primeira subseção e, em seguida, de lá para dó) e adulterado (com apenas duas subseções). A seção A' tem caráter harmonicamente mais agressivo, devido aos intervalos de sétimas e nonas entre as vozes. Essa aspereza irá contaminar a coda (a partir do segundo tempo do compasso 40, na indicação mf), que converge para um intervalo de segunda menor, suavizado pelo decrescendo abrupto, do *forte* ao *pianíssimo*.

Sem dúvida, o resultado dessas combinações é perturbador. Cria-se uma atmosfera movediça onde forças contraditórias caminham juntas em delicada harmonia (vêem-se, em A, intervalos de décima, terças e suaves sétimas maiores, que serão expurgados em A') e violenta tensão de vontades opostas, submetidas à convivência num apertado âmbito (cuja extensão total não chega a ultrapassar duas oitavas e uma quinta diminuta). Mojola lida com a dialética do gesto e da contemplação, da ação e da estagnação. Sua atitude composicional busca a geração de um prisma em que o objeto (no caso, a fruição teleológica da obra) e seus reflexos (as perturbações ateleológicas) possam ser simultaneamente contemplados. Essa nova dimensão, esse novo estado da matéria pode ser associado ao imaginário *Aleph* da ficção literária de J. L. Borges.

Intermezzo nº 2

Essa peça é marcada por suas assimetrias e fortes contrastes. Um pedal nas notas lá, ré e sol (respectivamente a quinta, quarta e terceira cordas soltas do violão, Figura 7) atravessa o compasso em 2/4, caracterizando um 5/8:

Figura 7

Aqui já fica expressa, mais uma vez, a intenção de neutralizar as forças opostas. Se, por um lado, o pedal convida à imobilidade, o deslocamento rítmico propõe variedade. Sobre esse conjunto regular de notas é superposta uma melodia bastante irregular, não obstante certa regularidade icônica. Em pontos diferentes do pedal são inseridas tercinas, gerando polirritmia. Além disso, o compositor solicita um contraste timbrístico pronunciado entre as vozes, com a voz superior *sul ponticello*, enquanto a voz inferior mantém o timbre natural. Na altura do compasso 20 se encerra a primeira seção. Eis uma tabela com a macroestrutura formal:

A	B	A'	Coda
Comp. 1 a 20	Comp. 21 a 41	Comp. 42 a 57	Comp. 58 a 63
♩ = 66	♩ = 80	♩ = 66	*Poco meno mosso*

Mas esta bem-comportada macroforma não exprime os aspectos mais interessantes da peça. Note-se que, embora haja uma simetria entre as seções A e B pela quantidade de compassos (cada seção com 21), o andamento mais acelerado de B provoca uma redução perceptível dessa seção, cujo caráter francamente anárquico se sobrepõe à sua pouca variedade motívica. Aqui Mojola visita o *free jazz*, à maneira de Ornette Coleman[3]. Apesar da violência sugerida no início da seção, esta caminha para um anticlímax, pela progressiva redução da margem dinâmica a cada frase, até encerrar em pp. Um detalhe curioso, é a seqüência em quintas dos baixos (compassos 21 a 27, Figura 8), conferindo unidade acústica (quase "tonal") a um material melódico tão volátil:

---

[3] Para maiores referências ao *free jazz*, estilo jazzístico instrumental surgido nos anos 1960 e seu principal nome, o saxofonista Ornette Coleman, consultar Berendt (1987, p. 332-5).

Figura 8

O retorno é novamente "espiralado", porém a transposição é agora de duas oitavas abaixo. A melodia da seção A reaparece como a linha de baixo em A', em uma textura polifônica bastante densa, a três vozes. Vários fragmentos de B compõem as vozes superiores. No compasso 53 essa polifonia vai se esgarçando, reduzindo para duas vozes (até o compasso 56) e finalmente uma voz, que repete, duas oitavas abaixo, a frase dos compassos 17 a 19, com uma intenção de ponte para a coda. Esta, por sua vez, reutiliza o pedal do início em valores aumentados (agora em colcheias), superpondo-lhe frases tiradas de B. No compasso 61, esses elementos se confundem até virarem silêncio. De repente, um improvável *cluster* surge para encerrar a peça.

Intermezzo nº 3

Essa peça, colocada apropriadamente no centro do ciclo, tem uma estrutura de rondó em palíndromo, distribuída entre sete seções (A-B-C-D-C'-B'-A'). A seção central, D, é ela própria um espelho, dividida em duas metades simétricas, em que a segunda (a partir do segundo tempo do compasso 36) é o retrógrado da primeira. As indicações de tempo e expressão, associadas à colocação de fermatas e barras duplas, e a variação das texturas confirmam facilmente essa divisão estrutural:

A	B	C	D	C'	B'	A'
1-10	11-15	16-26	27-46	47-57	58-62	63-72
Adagio ♩ = 4	Scorrevole	Tempo Rubato ♩ = 60	Andante ♩ = 60	Tempo Rubato	Scorrevole	Adagio
Textura monódica, caráter modal, uso da percussão	Textura em harpejos, escala de três sons	Textura polifônica, orquestração em harmônicos oitavados, escala pentatônica	Textura polifônica, construção serial em espelho	Textura polifônica, caráter modal, orquestração em harmônicos oitavados	Textura em harpejos, escala pentatônica	Textura monódica, escala pentatônica, uso da percussão

Mas, para acrescentar dados de estranhamento a essa inquietante estabilidade, o compositor irá realizar como se percebe na tabela anterior, cruzamentos entre os sistemas musicais a cada seção. Assim, a seção C' está impregnada do caráter modal de A; B' é uma ampliação de B (o acréscimo de duas sensíveis: si*b* e do#); A' emprega a mesma escala pentatônica de C. A partir desses elementos estruturais, pode-se conceber a estrutura também desta forma:

A	B	C	D	A'	B'	C'
1-10	11-15	16-26	27-46	47-57	58-62	63-72
A			B			A'

Podemos ver, nesse terceiro *intermezzo*, correspondências com o segundo movimento do *Concerto para orquestra* de Bartók. O compositor húngaro intitulou esse movimento de *O jogo das duplas*, em referência à orquestração, em pares (McCabe, 1983). Mojola poderia chamar essa peça de *O jogo das estruturas*.

Intermezzo nº 4

Estruturado à maneira de uma ária barroca (embora mantendo o retorno em espiral, alterando o tradicional *ritornello* da forma da capo), esse *intermezzo* tem como ponto de partida uma série de doze sons, executada no baixo (Figura 9):

Figura 9

Esse baixo assume a função de um contínuo, ponteando principalmente os tempos fortes para dar suporte à melodia, de caráter improvisado (a expressão *col intimo sentimento* reforça a idéia cantante, de ária). A improvisação melódica se dá a partir de um breve motivo (Figura 10):

Figura 10

Esse motivo sofrerá quase todo tipo de transformação (Figura 11): ornamentação, aumentação, inversão, alteração etc.[4]:

Figura 11

---

[4] Messiaen (1944) oferece vários exemplos em sua própria música do uso de procedimentos de transformação. Ferraz (1998) aborda a questão da repetição, da não-repetição, da diferença e da complexidade.

Definidos os planos melódico e de acompanhamento, à maneira de uma ária, temos a seguinte estrutura:

A	B	Ponte	A'	Coda
1-3	4-7	8-9	10-12	13-17
		Mudança de figuração	A, transposto um tom abaixo	Pedal mi-mib

Intermezzo nº 5

Para o encerramento, uma peça vigorosa com um sentido de *toccata*, em que as vozes e texturas são tratadas com a liberdade típica da música instrumental. A estrutura escalar é extremamente complexa, praticamente impossível de ser decifrada a partir da partitura. A sensação de mobilidade é total, e as nervosas linhas melódicas parecem correr atrás de uma estabilidade que não pode ser atingida. A unidade dessa peça está justamente em suas conexões aparentemente absurdas. O motivo rítmico age como uma espécie de fio condutor, em seqüências de notas repetidas (compassos 19, 33, 39 e 42) e outras com grande variedade intervalar (compassos 4, 7, 49, 55, 57, 74, 76, 80-81, 82, 85-86, 88). Outros ícones fortes são os acordes percutidos (tamburo) e harpejados que intercalam algumas frases.

Quanto à macroforma, as seções parecem gravitar em torno de dois pontos. A entrada de um motivo isolado nos baixos (compassos 12 e 48, Figura 12):

Figura 12

E um pedal harpejado de sib-si que ocorre nos compassos 27-31 e 63-66 (Figura 13).

Figura 13

A partir desses pontos pode-se traçar a seguinte estrutura formal:

Introdução	A	B	A'	B'	Coda
1-12	12-26	26-48	48-62	63-80	80-91
Até o primeiro golpe de tamburo. Há uma polarização sobre a nota mi	Redução de densidade marca o início da seção em PP	Início do harpejo sib-si, com melodia no baixo em mf			Após o último e mais suave tamburo (pp), sobre um acorde atonal de seis notas, é traçado um desenho irregular de harpejo, usando o motivo rítmico exposto acima

Conclusão

O tonal e o atonal, o variado e o repetitivo, a igualdade escrita e a desigualdade cronológica, o cálculo e a improvisação são alguns dos paradoxos que Mojola utiliza como princípios (des)organizadores nesses *intermezzos*. Trata-se de um autor incapaz de fazer concessões (Mojola gosta de ironizar o termo *nice music* para caracterizar os compositores sedentos de agradar a intérpretes e platéias), e até mesmo "difícil", no sentido de que suas estruturas geram sonoridades introvertidas, densas e complexas, não por "complicações" técnicas e estruturais, mas pelo relacionamento entre as camadas que integram as diversas partes da obra.

O conjunto dos *Cinco Intermezzos* pode, por sua vez, oferecer ao intérprete certos desafios de ordem técnica e interpretativa que serão compensados pela sonoridade resultante, capaz de atrair a atenção do ouvinte e levá-lo a refletir sobre os rumos da composição atual.

REFERÊNCIAS BIBLIOGRÁFICAS

BERENDT, Joachim Ernst. *O jazz, do rag ao rock*. Trad. Júlio Medaglia. São Paulo: Perspectiva, 1987.

FERRAZ, Sílvio. *Música e repetição: a diferença na música contemporânea*. São Paulo: Educ, 1998.

FERNEYHOUGH, Brian. *Collected writings*. 2nd printing. University of Edimburg, UK: Harwood Academic Publishers, 1998.

McCABE, John. *Bartók, música orquestral*. Trad. Vivian Wyler. Rio de Janeiro: Zahar, 1983.

MESSIAEN, Olivier. *Technique de mon langage musical*. Paris: Alphonse Leduc, 1944.

PEREIRA, Marco. *Heitor Villa-Lobos: sua obra para violão*. Brasília: Musi Med, 1984.

SALLES, Paulo de Tarso. *Aberturas e impasses: a música no Pós-Modernismo e um estudo sobre a música brasileira dos anos 1970-1980*. São Paulo, 2002. Dissertação (Mestrado em Artes/Música) IA/Unicamp. A ser lançado em livro pela Editora da Unesp (no prelo).

SALLES, Paulo de Tarso. Momentos I (1974) para violão, de Marlos Nobre: síntese e contraste. In: *Per Musi: revista de performance musical*, v. 7, p. 37-51. Belo Horizonte: Escola de Música da UFMG, 2003.

PAULO DE TARSO SALLES é compositor, violonista e professor. Mestre em Artes (Música) pelo IA-Unesp (concluído em 2002) e doutorando em Música (Composição) pelo IA-Unicamp. Autor do livro *Aberturas e impasses: a música no pós-modernismo* (Editora Unesp, 2005, 264p.). Recebeu o 1º prêmio no Concurso Nacional de Composição para Violão Cacesp – Centro Cultural São Paulo (1988), com *Variações albinas*, editada por Irmãos Vitale; 2º colocado no Concurso Ritmo e Som Unesp, 1988, com *Três canções*, para soprano e violão. Teve aulas de composição com Celso Mojola e Silvio Ferraz. Desde 1999 vem se dedicando especialmente à composição experimental, escrevendo para diversos meios, como quarteto de cordas, piano, percussão etc. Apresentou suas composições em vários Festivais de Música Nova, como: 38º Festival de

212 *Sonia Albano de Lima*

Música Nova (2003), IV Encontro Latino-Americano de Compositores e Intérpretes (Belo Horizonte, MG, 2002) etc. Principais obras: *Variações albinas*, para violão (1988); *Maquinações*, para orquestra sinfônica (1995); *Diferencias*, para quarteto de cordas (2000); *Trio*, para violino, violoncelo e piano (2002); *Lo que nace*, para coro SATB e piano, sobre poema de P. Neruda (2003); *A saída*, para coro SATB e piano, sobre poema de M. Gandhi (2003); *Bartók na cozinha*, para quarteto de violões (2003); *Três peças para piano a 4 mãos* (2004); *Figural* e *Os cérebros de Cérbero*, para violão (2004); *Mandrágora*, para trombone solo (2004); *Campanários*, para quarteto de violões (2005). Professor da Faculdade Santa Marcelina, Conservatório Souza Lima e Faculdade de Música Carlos Gomes, onde leciona Música Popular Brasileira e violão.

❦ ARQUIVO FOTOGRÁFICO

Intérpretes em curso
Criado em 1994, sob a coordenação da professora Sonia Albano de Lima. Destina-se à organização de cursos, masterclasses, *workshops*, com professores nacionais e internacionais para os alunos e intérpretes em geral.

FOTO 1 – O clarinetista americano David Singer e participantes do *masterclass* realizado em 1996

FOTO 2 – O flautista americano Keith Underwood e o maestro Roberto Sion no curso realizado em 1994

FOTO 3 – Os pianistas Homero Magalhães e André Luis Rangel durante o curso "Chopin e o falso sentimentalismo" realizado em 1994

FOTO 4 – Os flautistas brasileiros José Ananias Lopes, Marcos Kichl e o flautista suíço Felix Renggli no masterclass realizado em 1996

FOTO 5 – O pianista americano David Witten em *masterclass* realizado em 1995

FOTO 6 – O pianista Morderay Simoni (Tel-Aviv) no *masterclass* realizado em 1996

Um olhar sobre a música brasileira

Criado em 1996, sob a coordenação da professora Niomar Souza para os alunos da classe de história da música brasileira, que deverão promover palestras, entrevistas com compositores, musicólogos e intérpretes do cenário musical contemporâneo, com o objetivo de preservar a memória musical do país.

FOTO 1 – Os compositores Marcos Câmara e Osvaldo Lacerda

FOTO 2 – O compositor H. J. Koellreutter e a professora Niomar Souza

FOTO 3 – Aula do compositor E. Villani-Côrtes

FOTO 4 – Apresentação de pesquisa de folclore sobre "Festa Junina" realizada pela classe de Folclore

Núcleo de Estudos de Composição – NEC

Início em 1999, sob a coordenação do professor Celso Mojola. Tem como foco principal os trabalhos dos alunos do Bacharelado e da Especialização em Composição. Incorpora trabalhos de composição desenvolvidos por professores da faculdade e convidados. Além das composições elaboradas por alunos e professores, realizam-se debates acerca dos temas relacionados à criação musical, o que proporciona aos estudantes um juízo crítico sobre os problemas que envolvem a criação e a veiculação da arte contemporânea na sociedade brasileira.

FOTO 1 – Recital laboratório com alunos e convidados

Ciclo de Palestras

Início em 1994, sob a coordenação de Sonia Albano de Lima. Promove conferências, palestras, simpósios e encontros culturais. É um projeto que incentiva a pesquisa científica na área de artes e possibilita aos estudantes de música, docentes e profissionais inscritos, maior aprimoramento científico, cultural e artístico.

FOTO 1 – Encontro científico "Seminário da Voz Cantada" – Palestra com o professor doutor Jocelei Bohrer.

FOTO 2 – Palestrante professora doutora Jerusa Pires Ferreira

❀ FICHA TÉCNICA

FACULDADE DE MÚSICA CARLOS GOMES

ADMINISTRATIVO

SONIA REGINA ALBANO DE LIMA	Direção e Coordenação Pedagógica
WILLY EDUARDO VALLE	Secretário
MARIA ANTONIA D'ARC M. BENTO	Secretária
ROBERTA MONTOSA MARTINEZ	Auxiliar de Coordenação Pedagógica
GISELE CRISTINA DOS SANTOS	Bibliotecária e Relaá‰es Públicas
MARISA FERREIRA LIMA SAMBA	Bibliotecária auxiliar
TIAGO ANDRADE SANTOS	Auxiliar administrativo
MARIA JOSÉ DA SILVA	Serviços gerais
MANDARIM COMUNICAÇÃO	Divulgação

CORPO DOCENTE
Graduação e pós-graduação

CARLA BROMBERG	Evolução da música e estruturação musical
CELSO A. MOJOLA	Estruturação musical, composição, Orientação de pesquisa
CESAR A. C. ALBINO	Saxofone, prática de conjunto, improvisação
ELENIS AP. S. GUIMARÃES	Canto
ENNY J. P. PAREJO	Estruturação musical, disciplinas Pedagógicas
FERNANDO C. C. V. REIS	Piano
FLAVIO APRO	Evolução da música
GABRIEL D. VICTORA	Estruturação musical
JAYME C. GUIMARÃES	Piano e Música de Câmara
LENIRA P. RENGEL	Método Laban
LILIANA H. BOLLOS	Lingua portuguesa e estruturação musical
LUIS PAULO SANTIAGO	Guitarra

MARCOS ROSSETTI FERREIRA	Linguagem e estruturação musical
OSWALDO L. MORI	Estruturação musical, disciplinas pedagógicas
PAULO DE TARSO C. C. SALLES	Evolução da música e violão
REGIS G. COSTA	Piano e metodologia científica
RICARDO N. C. MONTEIRO	Semiótica da Música e estruturação musical
RITA DE CASSIA F. AMATO	Técnica vocal, prática coral e regància
SONIA ALBANO DE LIMA	Orientação de pesquisa, piano

Graduação

ANTONIO T. RIBEIRO	Estruturação e linguagem musical
CELIO G. B. CARVALHO	Estruturação musical
CELSO T. DELNERI	Violão
DANA RADU	Correpetição
EDER FRANCISCO	Violão
GABRIELA MACHADO	Flauta
MARIO C. ANDREOTTI	Prática de conjunto e contrabaixo elétrico
NIOMAR SOUZA	Evolução da música e supervisão de estágio
OSMAR SCALA	Psicologia da educação
PAULA M. A. O. MOLINARI	Canto e supervisão de estágio
RONALDO PALLEZE	Estruturação musical e bateria
WALTER W. A. CHAMUM	Canto

Cursos de Extensão e Iniciação Musical

DANA RADU	Piano e correpetição
MARIANA CIAROMILLA	Canto
MARIETA G. O. PENNA	Políticas públicas
PETER DAUELSBERG	Música de câmara e líder
SONIA RAY	Contrabaixo acústico
VERA JARDIM	História da Educação Musical
FLAVIA LIMA	Iniciação no canto
CLARISSA CABRAL	Iniciação Musical

Atividades Artísticas do Centenário – 2005

Montagem da ópera *Bastien & Bastienne* de W. A. Mozart
Bastienne – Flavia Lima
Bastien – Danilo Stollagli
Mestre Colas – Paulo Borges
Piano – Dana Radu
Direção Musical – Jocelei Bohrer
Cenário e Direção cênica – Walter Neiva
Local – Teatro Sérgio Cardoso | 14 e 15 de março de 2005, 16h

Concurso Revelação Jovens Compositores "Carlos Gomes"
Recitais no Auditório do SESC – Vila Mariana
Reginaldo Barbosa (trompeta) | Dana Radu (piano)
21 de maio de 2005, 17h

Liliana Bollos (piano) | Fernando Corrêa (guitarra)
25 de junho de 2005, 17h

Grupo *TOM POR SOM* – Rodolfo Inoue (contrabaixo elétrico), Fábio Cadore (violão e voz), Giba
Estebez (piano), Ivan Andrade (saxofone e flauta), Rafael Heiss (bateria), Ricardo Paro (guitarra)
6 de agosto de 2005, 17h

Canções de Carlos Gomes – Adelia Issa (soprano), Camila Senne (soprano), Frederico Miranda
(tenor), Paulo Borges (baixo) | Regis Gomide (piano)
29 de setembro de 2005, 20h30

Elenis Guimarães (soprano) | Jayme Guimarães (piano)
22 de outubro de 2005, 17h

Árias das óperas
Bastien & Bastienne de W.A. Mozart
A Flauta Mágica de W.A. Mozart
As Bodas de Fígaro de W.A. Mozart
Il Signor Bruschino de G. Rossini
La Cambiale di Matrimonio de G. Rossini
Flavia Lima – soprano
Vivian Delfini – *mezzo soprano*
Paulo Borges – baixo
3 de dezembro de 2005, 17h

Encontros científicos no Auditório do SESC – Vila Mariana
Seminário de Educação Musical
4 e 5 de novembro de 2005

I Encontro Científico de Compositores & Concurso Revelação Jovens Compositores "Carlos Gomes"

Curso de música de câmara e interpretação de *lieder*
Prof. Peter Dauelsberg
20 de abril de 2005 e 1º de dezembro de 2005, 10h | Sala Carlos Gomes

Publicação
LIMA, Sonia Albano (org.) *Faculdade de Música Carlos Gomes – Retrospectiva Acadêmica*. São
Paulo: Musa Editora. 2005

❖ **FACULDADE DE MÚSICA CARLOS GOMES** ❖
foi composto com a tipologia Minion, no Estúdio Entrelinha Design,
impresso pela Gráfica e Editora Alaúde ltda, em novembro de 2005